POLYGLOTT

MADRID

ON TOUR

DER AUTOR

ROBERT MÖGINGER

absolvierte Teile seines Tourismus-Studiums in Spanien
und in Lateinamerika. Nach Madrid zieht es den Münchener
immer wieder. Ein Ritual ist der Besuch des Museo del Prado,
wo er eine Stunde vor Kassenschluss jeweils einen anderen
Saal aussucht – am liebsten Goya oder Velázquez.
Noch schwerer fällt ihm die Wahl zwischen den vielen
guten Tapas-Lokalen.

W0236151

Unser E-Book-Code zur elektronischen Erweiterung des
POLYGLOTT on tour. Das kostenlose E-Book enthält die im
Reiseführer aufgeführten Adressen entlang der Touren,
beispielsweise zu Essen und Trinken, Shoppen, Aktivitäten
und Hotel-Tipps. Links auf einen externen Kartendienst
vereinfachen das Auffinden dieser Adressen.

SYMBOLE ALLGEMEIN

 Erstklassig: Besondere Tipps
der Autoren

Seitenblick: Spannende
Anekdoten zum Reiseziel

 Top-Highlights und

 Highlights der Destination

TOUR-SYMBOLE		**PREIS-SYMBOLE**	
❶ Die POLYGLOTT-Touren		Hotel DZ	Restaurant
🄶 Stationen einer Tour	€	bis 75 EUR	bis 12 EUR
❶ Zwischenstopp Essen & Trinken	€€	75 bis 150 EUR	12 bis 20 EUR
📖 A1 Die Koordinate verweist auf	€€€	über 150 EUR	über 20 EUR
die Platzierung in der Faltkarte			
📖 a1 Platzierung Rückseite Faltkarte			

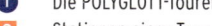

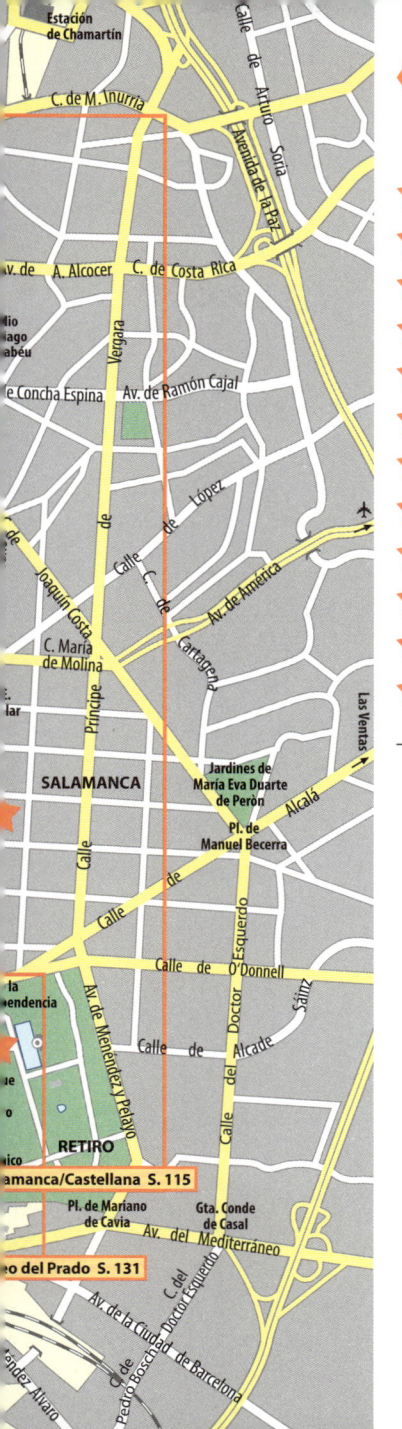

Perfekte Planung > Parallel vordere Klappe aufschlagen

TOP-12-HIGHLIGHTS

ZEICHENERKLÄRUNG DER KARTEN

beschriebene Region (Seite=Kapitelanfang)

10 **E** **h** Sehenswürdigkeiten

4 Tourenvorschlag

Autobahn

Schnellstraße

Hauptstraße

sonstige Straßen

Fußgängerzone

Eisenbahn

Staatsgrenze

Landesgrenze

Nationalparkgrenze

Schattiger Platz in den Garten-
anlagen von Madrids Königspalast

TYPISCH

MADRID IST EINE REISE WERT!

Madrid schminkt sich nicht, bevor Besuch kommt. Diese Stadt ist wie sie ist: authentisch, voller Lebensfreude und Charakter – wie ihre Bewohner. Lassen Sie sich inspirieren von der Energie der lebhaften iberischen Metropole!

ROBERT MÖGINGER
absolvierte Teile seines Tourismus-Studiums in Spanien und in Lateinamerika. Nach Madrid zieht es den Münchener immer wieder. Ein Ritual ist der Besuch des Museo del Prado, wo er eine Stunde vor Kassenschluss jeweils einen anderen Saal aussucht – am liebsten Goya oder Velázquez. Noch schwerer fällt ihm die Wahl zwischen den vielen guten Tapas-Lokalen.

»Madrid sucht einen Eiffelturm«, titelte die Tageszeitung »El País« kürzlich. Hoteliers und spanische Fremdenverkehrsexperten beklagten das Fehlen eines richtigen Wahrzeichens in der Hauptstadt. Um eine »touristische Marke« zu erschaffen, müsse nun endlich ein Symbol mit Wiedererkennungswert her. Sonst verliere man noch den Anschluss im globalen Wettbewerb um zahlungskräftige Besucher. Schon gingen die Besucherzahlen zurück, während etwa die schicke Rivalin Barcelona regelmäßig mit neuen tollen Zahlen auftrumpft. Wo also beginnen? Irgendwo muss es sich ja verstecken, das werbewirksame neue Image.

Halb zehn Uhr vormittags, unterwegs in der Altstadt. Die schmalen Gehsteige sind frisch geputzt, aus Hauseingängen riecht es scharf nach *lejía*, dem chlorhaltigen Reinigungsmittel, auf das spanische Hausfrauen bereits seit Generationen schwören. An der Puerta del Sol, dem Mittelpunkt der Stadt, strömen eilige Pendler aus den Metro-Aufgängen. Ein paar Touristen auf der Suche nach dem Null-Kilometerstein aller spanischer Nationalstraßen stehen im Weg. Lotterieverkäufer bewerben lautstark ihre gewinnträchtigsten Losnummern.

Es ist Zeit für ein typisches Madrider Frühstück im Traditionscafé La Mallorquina an der Puerta del Sol. Der Laden ist voll wie jeden Morgen, alle brauchen sie jetzt ihr Koffein. »¡Díme! Sag an!« Dem flinken Barmann in der weißen Jacke entgeht kein neuer Gast, sofort landen scheppernd eine Tasse mit duftendem *cortado*, ein Stück Gebäck und ein Glas Leitungswasser auf dem Tresen. Ein Wahrzeichen? »Naja«, grinst der Mann, »nehmt halt meine Kaffeemaschine.«

Oder den Bären am Erdbeerbaum, draußen auf dem Platz. Ihrem Wappentier setzte die Stadt ein Denkmal, das wegen der Baustellen in den letzten Jahren ständig von einer Straßenecke zur nächsten wanderte. Ganz nett, aber irgendwie zu putzig für Großstadt.

Die Recherche geht weiter. Nachmittags am Paseo del Prado: Die Hitze flimmert über dem Asphalt. Auf dem Boulevard tobt der Verkehr. Wie wäre es mit dem Palacio de Cibeles, der monumentalen alten Hauptpost mit den Ausmaßen einer Kathedrale? Nein, doch zu protzig. Das weltberühmte Museo del Prado, die Goya-Statue? Velázquez? Picasso? Große Kunst. Aber zu beschaulich für eine Stadt mit so viel Tempo.

Dann eben auf die Gran Vía – ist nicht der »Broadway Madrids« ein Inbegriff der Urbanität? Das Edificio Metrópolis mit der geflügelten goldenen Victoria ist jedenfalls eines der meistfotografierten Motive Madrids. Aber eben doch nur eine von vielen Gründerzeit-Fassaden. Die Häuserschlucht lässt den Lärm hunderter Motoren, Hupen und Polizeisirenen widerhallen. Die Menschenmassen schieben sich an Kinopalästen und den bunten Schaufensterauslagen vorbei. Eine Gruppe aufgekratzter Teenager übertönt spielend die röhrenden Linienbusse.

Das neue Wahrzeichen der Stadt müsste man am besten auch hören können. Oder schmecken? Wenn der Hunger kommt, führt jeder Weg ins Barrio de las Letras, das »Literatenviertel«. Dessen Straßen die Namen von Klassikern tragen. Die Klassiker in den Tavernen heißen *jamón serrano, tortilla española, gambas al ajillo*. Der Himmel der Madrilenen hängt voller Schinkenkeulen. Dazu geht immer ein eiskaltes Bier oder ein Gläschen Wein. Madrid zählt rund 5000 Restaurants und gut 20 000 Tavernen, Tascas, *bares* und *cervezerías*. Jedes Lokal bietet eigene Spezialitäten aus den Regi-

Die Puerta del Sol bildet den lebendigen Mittelpunkt der spanischen Hauptstadt

Die Frühlingssonne genießen auf der Terrasse des El Madroño, Plaza de Puerta Cerrada

onen des Landes. Es gibt also viel zu probieren, obwohl die Wirtschaftskrise seit 2008 einige Gastronomen zum Aufgeben zwang. Hart sei es immer noch, meint Barmann Francisco im »Barril de las Letras«, während er gekonnt an einem Schinken säbelt. Aber »schlimmer kann es kaum noch werden«, und die Madrilenen ließen sich das Ausgehen ohnehin nicht nehmen – man lebe schließlich nur einmal.

Hat er eine Idee für das neue Wahrzeichen? Sein Vorschlag: Die Viertel Chueca und Malasaña am Abend. *Hay mucha marcha,* da sei immer etwas los. In der Tat, in den Clubs und Kneipen rund um die Plaza Dos de Mayo vibriert die junge Szene, als habe es *la crisis* nie gegeben. Die sorgte immerhin dafür, dass die Mieten in den In-Vierteln etwas sinken. So trauen sich nun wieder mehr junge Kreative, eigene Läden zu eröffnen. Minimalistische Bars, schräge Boutiquen, interessante Biotope abseits des Mainstreams entstehen fast im Wochentakt.

Spätestens jetzt ist klar: Diese Stadt lässt sich nicht kategorisieren. Deshalb braucht Madrid keinen Eiffelturm.

WAS STECKT DAHINTER?

Die kleinen Geheimnisse sind oftmals die spannendsten. Hier werden die Geschichten hinter den Kulissen erzählt.

WAS PASSIERTE MIT TÍO PEPE?

Der berühmteste Flaschenkopf Spaniens überlebte beinahe alles: Die Leuchtreklame des Sherry-Produzenten *González Byass* thronte von 1936 bis 2011 auf dem Dach der Hausnummer Puerta del Sol, 1. Weder Bürgerkrieg noch eine Verordnung gegen Werbung im Stadtbild konnte *Tío Pepe* (»Onkel Sepp«) etwas anhaben, denn die Madrilenen hatten das Männchen mit der Gitarre und dem Flamenco-Anzug ins Herz geschlossen. Erst als der US-Konzern *Apple* das Gebäude kaufte, musste der Tío weichen. Er wurde abgebaut und in Einzelteilen in einer Lagerhalle an der Peripherie abgelegt. Es heißt, die Amerikaner hätten etwas gegen Alkoholreklame.

2013 setzten sich 50 000 Bürger mit ihrer Unterschrift für Tío Pepes Auferstehung ein. Und im April 2014 war es tatsächlich soweit: Der Neon-Onkel erstrahlt nun in neuem Glanz, technisch und optisch überholt, zur Sicherheit nun über der Hausnummer 11 der Puerta del Sol.

WARUM FÄHRT DIE METRO LINKS?

Als die Madrider U-Bahn 1919 eröffnet wurde, herrschte auf den Straßen noch Linksverkehr. Der Rechtsverkehr wurde erst 1924 offiziell eingeführt. Aus Kostengründen blieb dagegen unterirdisch alles beim Alten und wurde seither auch nicht mehr in Frage gestellt.

Tipp: Ein Besuch des Metro-Museums *Andén 0* (»Bahnsteig 0«) im stillgelegten »Geister-U-Bahnhof« an der Plaza Chamberí 📖 D2, andencero@tritoma.es, Do 10–13, Fr 11–19, Sa, So 10–15 Uhr.

WAS MACHT DER BÄR AM BAUM?

El oso y el madroño, »der Bär und der Erdbeerbaum«: Das ungewöhnliche Wappentier Madrids ziert als Statue die Puerta del Sol und als Vignette die Trikots des Fußballklubs Atlético. Aber wofür steht der Braunbär, wofür der Baum? Die tiefere Bedeutung verliert sich im 13. Jh. Heraldiker vermuten darin ein Symbol der Einigkeit zwischen Landadel, verkörpert durch den mächtigen Bären, und dem Klerus, dessen Baum den Bären nährt.

Der Erdbeerbaum jedenfalls ist ein typisches Gewächs des westlichen Mittelmeerraums, und seine roten Früchte ähneln nur entfernt der Erdbeere. Immerhin sind sie als Konfitüre und als Basis für einen Likör genießbar. Der 3–6 m hohe Madroño-Baum ist extreme Trockenheit gewohnt und gilt als recht resistent gegen Feinstaub und Abgase – insofern hat das knorrige Gehölz heute sogar mehr Berechtigung im Stadtwappen als jemals zuvor.

50 DINGE, DIE SIE ...

Hier wird entdeckt, probiert, gestaunt, Urlaubserinnerungen werden gesammelt und Fettnäpfe clever umgangen. Diese Tipps machen Lust auf mehr und lassen Sie die ganz typischen Seiten erleben. Viel Spaß dabei!

... ERLEBEN SOLLTEN

1 Gourmet-Markt San Antón Die Markt- und Imbissstände im Mercado de San Antón 📖 D3 im Viertel Chueca sind ein Fest für die Sinne. Frische Tapas aus den Regionen Spaniens (sehr gut: La Trastienda im Zwischengeschoss) und eine Terrasse machen diesen Markt zur kulinarischen Partyzone (A Figueroa, 24, www.lacocinadesananton.com).

2 Madrid im Seat 600 Zu Fuß, per Fahrrad, E-Bike, Motorroller oder gar im thailändischen Tuk-Tuk: Das Angebot an Madrid-Touren ist schier endlos. Ein besonderes Erlebnis ist die geführte Tour im

Auf der Terrasse des Mercado de San Antón

Seat-600-Oldtimer mit oder ohne Chauffeur. Preis ab 49,95 €/Pers., www.600tourmadrid.com › S. 27.

3 Spanisch Kochen Ein Erlebnis, das noch zu Hause seine Wirkung entfaltet, ist ein Kochkurs, bei dem man die Zubereitung von typisch spanischen Gerichten wie Paella erlernt. Ein schöner Einsteiger-Kurs: Die Tapas-Klasse (70 €/Pers.) von Cooking Point 📖 D5 (Calle de Moratín, 11, www.cookingpoint.es).

4 Flamenco-Festival Die *Suma Flamenca* › S. 65 im Juni ist eines der wichtigsten Festivals seiner Art weltweit. Bei Konzerten auf kleinen Bühnen, in Kulturzentren, bei Ausstellungen und auf Workshops kann man Flamenco hautnah erleben – ohne touristisches Showprogramm.

5 Fan-Träume Fußball-Legenden live anfeuern kann man bei einem Heimspiel von Real im Estadio Santiago Bernabéu › S. 130. Oder bei Atlético im Estadio Metropolitano. Die Tickets sind allerdings so begehrt wie Opernkarten. Verkauf unter www.realmadrid.com und www.atleticodemadrid.com.

6 Feria de San Isidro Die Woche rund um den Namenstag des Stadt-

Bootstour mitten in der Stadt im Retiro-Park

patrons am 15. Mai ist der Höhepunkt im Kalender aller Stierkampf-Aficionados. Aber man muss die *corrida* nicht mögen, um die Feria zu lieben: Kostenlose Rockkonzerte auf Straßen und Plätzen, klassische Musik, Theater, Folklore und Feuerwerk – während der Festwoche wird überall in der Stadt gefeiert (www.sanisidromadrid.com) **> S. 65.**

7 Fahrradtour am Manzanares Neuland in spanischen Städten: Radwege. An der Flusspromenade **> S. 113** kann man gute Räder stunden- und tageweise mieten (auch E-Bikes) und abseits des Verkehrs spazieren fahren. Ab 4 €/Std. bzw. 25 €/Tag bei www.mibikerio.com.

8 Rudern im Retiro Für die Madrilenen ist eine Bootstour auf dem Estanque, dem See im Retiro-Park

> S. 120, beliebtes Wochenend-Ritual. Bequemer ist ein solarbetriebenes Motorboot. Ruderboot ab 6 €/Std., Solarboot 2 €/15 Min.

9 Zeitreise ins Mittelalter Im Frühjahr und Herbst fährt der *Tren Medieval* ins kastilische Hinterland. Unter Gauklern, Troubadouren und Zauberern findet man sich mitten im Mittelalter wieder. Das Reiseziel Sigüenza gilt es bei einer geführten Tour zu entdecken (35 €/Pers., bis 13 Jahre 16 €, www.renfe.com).

10 Baden in der Stadt Wenn Madrid unter der Sommerhitze ächzt, tut Abkühlung gut. Das öffentliche Freibad in der Casa de Campo **> S. 28** ist eine Option, die Erfrischung verheißt. Am Wochenende kann es jedoch recht voll werden (Mitte Mai bis Sept., Eintritt ab 4,50 €, Ⓜ Lago).

... PROBIEREN SOLLTEN

⓫ Süß, fett, köstlich! Ein Diät-Frühstück sieht anders aus! Aber an den *Churros* in der Chocolatería San Ginés › S. 47 führt einfach kein Weg vorbei. Zu den frisch in Öl gebackenen Teigstangen wird dickflüssige heiße Schokolade gereicht, die direkt aus dem Block geschmolzen ist (Portion mit Schokolade: 4 €).

⓬ Manzanilla, Fino & Co *Vino de Jerez* oder, auf Englisch, *Sherry*: Die Madrilenen lieben den südspanischen Likörwein, der keineswegs nur süß ist. Probieren Sie als Aperitif den nussig-herben *Oloroso*, einen trockenen *Fino* oder die salzig-mandelartige *Manzanilla*. Besonderer Tipp: Taberna La Venencia, Echegaray, 7 › S. 106.

⓭ Kutteln nach Madrider Art Innereien, die Mitteleuropäern abwegig vorkommen mögen, finden in Madrider Tavernen durchaus Anklang. Ein echter Klassiker: *Callos a la madrileña* (Kutteln mit Chorizo). Tipp: El Landó 📕 B5 (Pl. Gabriel Miró, 8, Ⓜ Sol).

⓮ Jamón, Jamón Spaniens lufttrocknete Schinken sind Exportschlager. Aber die beste Qualität bleibt meist im Lande. Fragen Sie nach edlem *Jamón Ibérico de Bellota*, vom eichelgefütterten schwarzen Schwein (die *ración* ab ca. 18 €). Tipp: Museo del Jamón, Filialen überall im Zentrum › S. 41.

⓯ Marzipan aus Toledo Was Lübeck ist für Deutschland, das ist Toledo in Spanien: Die Hochburg des

Churros aus der Chocolatería San Ginés sind beliebt

Marzipans. Allerdings ist Toledaner Marzipan meist weniger süß, dafür überwiegen feines Mandel- und Honigaroma. Eine kleine Schachtel gibt es ab ca. 4,50 €. Eine der besten Adressen vor Ort: Obrador Santo Tomé (www.mazapan.com) › S. 145.

16 **Horchata** Wenn es heiß wird in Madrid, ist es im Retiro unter schattigen Bäumen am schönsten. Erfrischend und aromatisch ist die Erdmandelmilch Horchata › S. 121 vom Kiosk im Park.

17 **Cocido Madrileño** Die Madrider Spezialität schlechthin bringt selbst Vielesser an ihre Grenzen. Jede Menge Kichererbsen, Schweinebauch, Blutwurst, Chorizo, Kartoffeln und Kohl in einem Eintopf, die Brühe davon gibt es als Vorspeise. Aber einmal muss es doch sein, z. B. im Malacatín › S. 37.

18 **Kroketten-Kult** Heiß, außen knusprig, innen butterweich – so muss sie sein, die ideale *Croqueta de bacalao*. Seit 1860 gibt es die mit Stockfisch gefüllte Krokette in Perfektion in der Casa Labra › S. 38, das Stück für etwas über 1 €. Dazu passt eine *caña*, ein kleines Bier vom Fass.

19 **Mariscos** Madrid, der größte Fischereihafen Spaniens? Doch, das stimmt: Hier landet jeden Morgen frische Ware direkt von der Nordküste. Etwa der Oktopus auf galicische Art *(pulpo a feira)*, gekocht und mit Paprika-Kartoffeln serviert, schmeckt hier so frisch wie der Atlantik selbst: Pulpería de la

Im Sommer erfrischt eine Horchata

Victoria ▐ C4 (Victoria, 2, Ⓜ Sol, www.pulperiadevictoria.com).

20 **Huevos Rotos** »Kaputte Eier« sind eine Madrider Spezialität – einfach, preiswert und lecker: Über einer Portion krosser Kartoffelchips (oder wahlweise: Bratkartoffeln) werden angebratene Serrano-Schinkenwürfel und »zerrissene« Spiegeleier verteilt – schmeckt am besten zu Bier oder Weißwein, z. B. im Almendro 13 › S. 38.

... BESTAUNEN SOLLTEN

21 **Madrid-Panorama** Von der Aussichtsplattform auf dem Palacio de Cibeles › S. 118 hat man einen fantastischen Blick auf die Boulevards der Stadt: Gran Vía, Castellana, Calle de Alcalá. Die alte Hauptpost ist heute ein Kulturzentrum.

22 **Die Dame von Elche** Das Juwel im Archäologischen Museum: Die

Dama de Elche, eine 2500 Jahre alte Büste aus keltiberischer Zeit, deren magisch-stoischer Blick Forschern wie Laien Rätsel aufgibt – eine antike Mona Lisa aus Stein › S. 121.

23 **Don Quijote und Sancho Pansa** Die unzertrennlichen Reiter auf ihrer Odyssee durch La Mancha müssen fast im Minutentakt als Fotomodelle herhalten. Nachts, wenn das Cervantes-Denkmal › S. 81 an der Plaza de España angestrahlt wird, wirken die zwei Helden aus Bronze besonders lebendig.

24 **Großer Picasso** Jeder meint es zu kennen, denn Abbildungen gab es schon im Schulbuch. Wer dann aber im Centro de Arte Reina Sofía zum ersten Mal vor »Guernica« steht, ist dennoch überwältigt. Ein Gemälde wie ein Supertanker: 3,49 m × 7,77 m groß, dazu Picassos gewaltige Bildsprache › S. 141.

25 **Atocha-Mahnmal** Der schönste Bahnhof Europas › S. 142 ist eine Sehenswürdigkeit für sich. Im Untergeschoss erinnert ein Mahnmal an die 191 Toten des Terroranschlags am 11. März 2004: Ein Glas-Acrylzylinder ragt 11 m aus einem tiefblauen leeren Raum hinauf ins Freie. Sonnenlicht projiziert die Namen der Opfer ins Innere – ein einzigartiger Ort, der sprachlos macht.

26 **Korkenzieher-Brücke** Das ehrgeizigste Entwicklungsprojekt der Stadt seit der Planung der Gran Vía heißt »Madrid Río«. Der Hingucker am Fluss ist *El Puente Monumental de Arganzuela* › S. 113 von Domi-

Im Bahnhof Atocha wird der Opfer vom 11. März 2004 gedacht

nique Perrault. Die spiralförmige Konstruktion erinnert an einen überdimensionalen Korkenzieher und steht in spannendem Kontrast zum barocken Puente de Segovia.

27 **Rätseln mit Velázquez** »Las Meninas« › S. 137, »Die Hofdamen«, heißt eines der meistdiskutierten Werke der Kunstgeschichte. Wer betrachtet hier eigentlich wen? Der Hofmaler Diego de Velázquez das Königspaar? Oder sieht er uns an, die Betrachter im Museo del Prado? Der Meister malt auf dem Bild selbst ein Bild. Aber was ist wohl auf der Leinwand zu sehen? Was im Spiegel? Fragen über Fragen ...

28 **Goyas Kapelle** Ein wenig abseits des Zentrums und von Besuchern daher oft übersehen liegt die

Ermita de San Antonio de la Florida, Goyas Grabstätte › S. 83. Der Meister selbst schuf die großartigen Kuppelfresken, die man über Spiegel in Ruhe betrachten kann. Schlicht ergreifend: Die Gesichter der Menschen, die dem Wunder des hl. Antonius beiwohnen.

29 **Aus dem Leben eines Marqués** Staunend spaziert man im Stadtpalais des Marqués de Cerralbo › S. 82 durch ein unglaubliches Kabinett an Gemälden, Waffen, Rüstungen und Möbeln aus dem 18./19. Jh. Großartig: Der pompöse Ballsaal, bewacht von einem lebensgroßen Indianerpärchen aus Bronze.

30 **Sonnenuntergang am Tempel** Der beliebteste Platz mit Aussicht für den Sonnenuntergang ist der antike Templo de Debod › S. 83, der vom Nil an den Río Manzanares versetzt wurde. Von hier hat man den besten Blick auf Königspalast und in die Weite von La Mancha.

... MIT NACH HAUSE NEHMEN SOLLTEN

31 **Spanisches Nougat** Turrón, das weiße Mandel-Nougat, brachten einst die Araber nach Iberien. Die süßen Platten halten mindestens ein Jahr lang, sind in Supermärkten zu bekommen und leicht zu transportieren.

32 **Vinos finos** Weine aus Spanien stehen hoch im Kurs. Auch die Region Madrid produziert einen aus-

Aus den Blütennarben des Crocus sativus werden die kostbaren Safranfäden gewonnen

gezeichneten Tinto. Kosten Sie den Biowein »Qubél Revelación« der Bodega Gosálbez Orti (Calle del Real, 14, Pozuelo del Rey, www.qubel.com), der Jahrgang 2013 kostet ca. 9 €.

33 Schicke Espadrilles Die luftigen Sommerschuhe mit der Sohle aus Hanfstroh gibt es von modisch bis verspielt. Hier findet man garantiert seinen Lieblingsschuh: Alpargatus ◼ C3, Gran Vía, 56, Ⓜ Gran Vía, www.alpargatus.com.

34 Edle Konserven Dosenfisch, geht das? Ja, das geht. Sofern die Ware erstklassig ist und die Dosen auch noch toll aussehen. Am besten: Weißer Thunfisch *(Atún blanco),* die Konserve ab ca 6 €, etwa in der Delikatessenabteilung bei El Corte Inglés › S. 43 oder im Einzelhandel.

35 Alles Käse Vakuumverpackt ist die *Tetilla,* ein nordspanischer Kuhmilchkäse und daher problemlos im

Koffer mitzunehmen. Zu dem buttermilden köstlichen Käse passt hervorragend *dulce de membrillo,* ein festes Quittengelée. Eine *Tetilla* kostet man im »Club Gourmet« bei El Corte Inglés › S. 43.

36 Shopping im Museum Schöne Ausstellungsplakate kann man im Museumsladen des Museo del Prado › S. 133 erstehen.

37 Das Gold der Mancha Bis zu 7000 € kostet ein Kilo Safran – teurer als Kaviar. Größter Produzent ist zwar der Iran, aber spanischer *azafrán* aus La Mancha ist hochwertiger. Echte spanische Safranfäden vom Feinkosthändler sind nur ein paar Gramm leicht und sehr kostbar.

38 Olivenöl für Kenner *Aceite de oliva virgen extra* ist das Öl der besten Kategorie. Es ist kaltgepresst und stammt von sortenreinen Oliven der Handelsklasse. Die Sorte

Arbequina ist besonders aroma-tisch, 1 Liter kostet ca 17 €. Patri-monio Comunal Olivavero 📘 D3 (Mejía Lequerica, 1, www.pco.es) › S. 41.

39 Der Flamenco lebt Alles für den Flamenco-Fan gibt es bei El Fla-menco Vive › S. 41. Wie wäre es bei-spielsweise mit einem Tanzkurs auf DVD? »El Baile Flamenco« von Manuel Salado.

40 Traditionelle Fächer Traditi-onsgeschäfte wie Casa de Diego › S. 42 bieten die größte Auswahl an *abanicos* aller Preisklassen von 8 € bis weit über 1000 €.

... BLEIBEN LASSEN SOLLTEN

41 Getrennt zahlen Am Tresen einer Tapas-Bar getrennte Rech-nungen zu verlangen, ist in Spanien nicht üblich. Auch im Restaurant bezahlt man alles zusammen.

42 Taschendiebe einladen Die Metro und der Flohmarkt Rastro sind ihre bevorzugten Reviere. Portemonnaies sollten besser nir-gends aus Gesäßtaschen lugen, Handtaschen niemals offen stehen.

43 Autofahren in Madrid Für die Stadtbesichtigung ist das Auto un-geeignet. Parken im Zentrum ist schwierig, falsch parken teuer.

44 Zur falschen Zeit ins Museum gehen Der Prado zu den Gratis-Öffnungszeiten? Das Thyssen bei

Regen? Keine gute Idee. Am we-nigsten los ist meist unter der Wo-che mittags (ca. 14–16 Uhr).

45 Zu spät zum Flughafen fahren Barajas ist einer der größten Flug-häfen Europas, die Terminals liegen weit auseinander. Zwar bringt die Metro Sie direkt hin, mit Umsteigen kann das aber dauern.

46 Die Hitze unterschätzen In den Monaten Juni bis September ist Madrid ein Glutofen. Vor allem spätnachmittags ist die Hitze oft schwer erträglich. Passen Sie Ihr Programm den Temperaturen an – und halten Sie Siesta!

47 Billigsouvenirs kaufen Viele ach so »typisch spanische« Souve-nirs wie Plastiktiere stammen eher aus Fernost als aus Südspanien.

48 Gar kein Spanisch sprechen Die Madrilenen sind freundlich und freuen sich, wenn Auswärtige zumindest ein paar nette Redewen-dungen auf Spanisch sagen können.

49 Von oben herab behandeln Kellner, Barleute oder Angestellte an der Hotelrezeption sind service-orientiert und unkompliziert. Gäs-ten begegnen sie auf Augenhöhe und erwarten dies allerdings genau-so auch umgekehrt.

50 Sich einfach dazu setzen Was in der vollen Tapas-Bar normal ist, geht im Restaurant gar nicht: Sich zu anderen Gästen ungefragt an den Tisch setzen.

Der Kristallpalast im Retiro-Park ist
eine Konstruktion aus Glas und Stahl
aus dem Jahr 1887

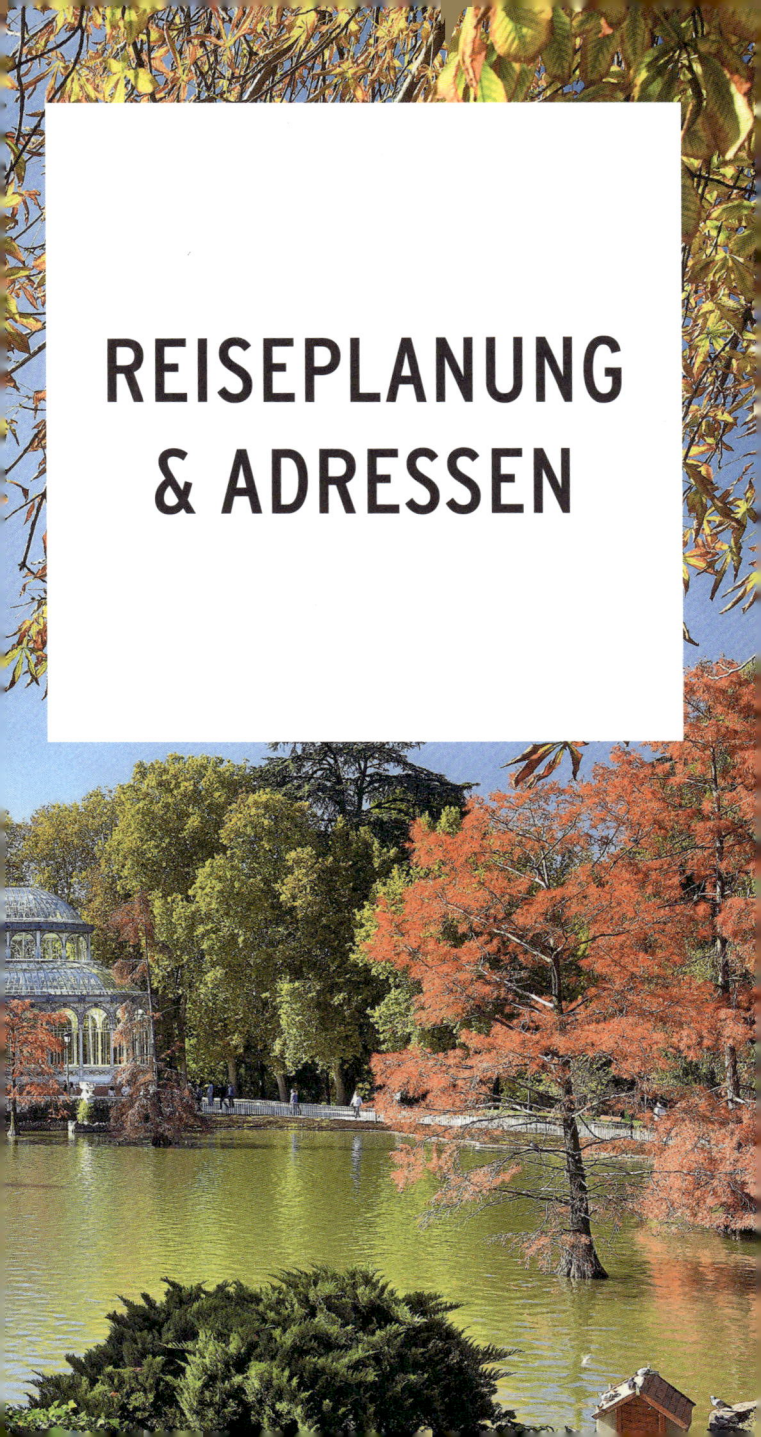

REISEPLANUNG
& ADRESSEN

DIE STADTVIERTEL IM ÜBERBLICK

Oft wird Spaniens Landkarte mit einer Stierhaut verglichen, die in der Sonne ausgebreitet daliegt. Bleibt man bei dem Bild, dann wäre Madrid das Herz des Stiers.

Nicht nur, dass an der **Puerta del Sol** alle Nationalstraßen Spaniens zusammenlaufen – von der Hauptstadt gehen auch politisch-soziale und kulturelle Impulse für das ganze Land aus. Dabei ist Madrid mit seinen 3,2 Mio. Einwohnern (5,3 Mio. im Großraum) eine vergleichsweise junge Metropole. Anders als die anderen historischen Städte Kastiliens wie Toledo, Valladolid, Ávila oder Segovia ist Madrid, seit Felipe II. im 16. Jh. seinen Hof in die geografische Mitte des Reiches verlegte, eine Stadt der Zuwanderer geblieben. Das doppeldeutige Sprichwort *De Madrid al cielo* (»Von Madrid direkt in den Himmel«) steht nicht nur für das sagenhafte Blau und das klare Licht über Kastilien, sondern auch für die hochfliegenden Träume der Neu-Madrilenen aus den Regionen Spaniens, aus Afrika oder Lateinamerika. Als Wiege des Zentralismus gilt sie, als zu schnell gewachsene Beamtenstadt mit Geltungsdrang und Hang zu monumentaler Bauwut, als schicke Yuppie-

Madrids Gran Vía hat als Shoppingmeile eine lange Tradition

und Zeitgeist-Hochburg. Beispiele gibt es genug, sei es die protzige Haupt-post an der Plaza de Cibeles, die großspurigen Relikte der Franco-Diktatur oder die hypermodernen Bürotürme an der nördlichen Castellana – tat-sächlich ließen die Mächtigen Madrids kaum eine Gelegenheit aus, dem Stadtbild ihren Stempel aufzudrücken.

Dennoch wirkt Madrid überschaubar, die Orientierung fällt leicht: In der **Morería** finden sich mittelalterliche Reminiszenzen, ihre Gassen und Plätze lassen eher an die kastilische Provinz als an eine Weltstadt denken. Das **kö-nigliche Madrid** der Habsburger und Bourbonen erstreckt sich fußläufig im Dreieck zwischen Plaza Mayor, Königspalast und Oper. Die Prachtstraße **Gran Vía** gliedert das Zentrum von Westen nach Osten in zwei Hälften. Im Norden liegen mit den Vierteln **Malasaña** und **Chueca** zwei typische Mad-rider Viertel mit Flair, alteingesessenen Läden, Märkten und legendären Nightlife-Revieren. Im südlichen Zentrum sind es das Literaturviertel **Hu-ertas** und **Lavapiés,** die mit zahllosen Tapas-Bars, gemütlichen Restaurants und schönen Plazas begeistern. Gerade hier, in seinen Barrios, den Dörfern mitten in der Stadt, zeigt sich der eigentliche Charakter Madrids: unpräten-tiös, offen und unverblümt – wie die Madrileños selbst. Kein Wunder, dass selbst Kurzbesucher sich hier rasch heimisch fühlen. Man kommt ins Ge-spräch, genießt die kleinen Freuden des Alltags.

Zugegeben, Lärm und Verkehr mögen anfangs auf den Boulevards auf die Nerven gehen – wo sonst in Europa kann man schon um drei Uhr nachts im Stau stehen? Dass Madrid aber auch eine erstaunlich grüne Stadt ist, belegt etwa der prächtige Parque del Retiro. Die Verlängerung des Paseo del Prado nach Norden, die **Castellana,** führt zum noblen Viertel **Salamanca** mit seinen Boutiquen und Galerien. Die größten Einzelattraktionen Mad-rids liegen wie Perlen auf der Schnur an der Nord-Süd-Achse **Paseo del Prado:** Das Museo del Prado, Mu-seo Thyssen-Bornemisza und das Centro de Arte Reina Sofía, jedes für sich schon eine Reise wert.

Richtig angekommen ist man in Madrid, wenn Hektik und Tempo anfangen, sogar ein wenig Spaß zu machen …

KLIMA & REISEZEIT

Zwar liegt Madrid etwa auf derselben geografischen Breite wie Neapel oder Istanbul, aber südländisch mild oder gar mediterran gibt sich die Meseta keineswegs: *Del invierno al infierno* – »vom Winter direkt in die Hölle«, so beschreibt ein geflügeltes Wort das typisch kontinentale, von Extremen gezeichnete Binnenklima Zentralkastiliens.

Wem einmal die klamme, zugige Kälte eines verregneten Wintertages in Madrid in die Knochen gekrochen ist, der wird bei der Hotelauswahl Wert auf eine funktionierende Heizung legen. Frost und Schnee jedoch kennt man in der Stadt kaum; wenn der eisige Wind aus der Sierra doch einmal ein paar weiße Flocken herüberträgt, bleiben sie nicht lange liegen. In der nahen Provinz Ávila kommt es dagegen oft vor, dass nach Schneestürmen ganze Dörfer von der Außenwelt abgeschnitten sind.

Frühling und Herbst bescheren angenehme, mäßig warme Sonnentage, geben aber nur ein kurzes Gastspiel. Im Sommer sind Temperaturen bis zu 40 °C die Regel und manchmal sogar mehr. Wirklich unerträglich wird es am späten Nachmittag, wenn sich Asphalt und Beton aufgeheizt haben und die Hitze in den Staßen steht. Wer nicht arbeiten muss, verlässt Madrid in dieser Jahreszeit. Zur Sommerfrische (spanisch *veranear*) sucht man vorzugsweise die Costa Blanca oder die grünen Küsten im Norden auf. Viele Lokale, Geschäfte und kleinere Museen haben während der Ferien (von Ende Juni bis Mitte September) geschlossen.

Vom Klima einmal ganz abgesehen ist Madrid zweifellos das ganze Jahr über besuchenswert. So verheißt der Hochsommer als Trostpflaster für hitzeresistente Touristen und Daheimgebliebene ein umfangreiches Kulturprogramm (in den Bereichen Musik, Theater, Ballett, Film) mit Open-Air-Veranstaltungen, eben den *Verano de la Villa*. Außerdem belohnt die heiße Jahreszeit den Besucher mit einer deutlich entspannten Verkehrslage, einem intensiven und erlebenswertem Nachtleben auf den Caféterrassen entlang dem Paseo de la Castellana sowie mit etwas weniger Betrieb im Prado und in der Sammlung Thyssen-Bornemisza als sonst üblich. Die großen Museen sind klimatisiert und daher ideale Zufluchtsorte vor der großen Sommerhitze.

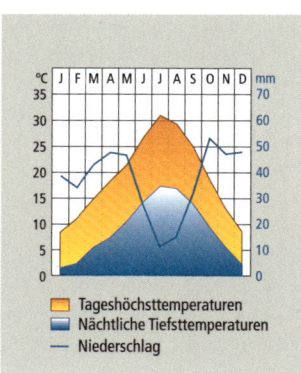

Tageshöchsttemperaturen
Nächtliche Tiefsttemperaturen
— Niederschlag

ANREISE

MIT DEM FLUGZEUG

Iberia und Lufthansa fliegen täglich nonstop von vielen deutschen Flughäfen aus nach Madrid; Billigflüge bieten u. a. Eurowings und Air Europa und Easyjet an. Von Wien fliegen Austrian und Iberia Madrid an, aus der Schweiz Easyjet, Iberia und SWISS. Der Flughafen Barajas liegt 12 km östlich der Stadtmitte an der Autobahn N-II. Touristeninformation und Hotelreservierungsbüros befinden sich in der Ankunftshalle; Infos unter www.aena.es, telefonische Flugauskünfte: Tel. 902 40 47 04.

Ins Zentrum geht es per Taxi (ca. 30 €) oder mit dem Express-Bus zur Plaza de Cibeles und zum Bahnhof Atocha (rund um die Uhr, alle 15–35 Min., 5 € einfach). Schnell und am günstigsten (3 € Zuschlag zum Standardtarif 1,50 €) fährt die Metrolinie 8 (Umsteigen in Ⓜ Nuevos Ministerios) zur Stadtmitte. Die Metrostation liegt zwischen den Terminals T2 und T3.

MIT BAHN UND BUS

Fernzüge aus dem Norden (via Paris bzw. Zürich und Barcelona) kommen am Bahnhof Chamartín an, wo es eine Touristeninformation und einen Metroanschluss gibt. Züge nach Südspanien, z. B. der Schnellzug AVE nach Córdoba und Sevilla, verkehren ab der Estación Atocha. Dem Nahverkehr dient der Bahnhof Príncipe Pío. Zugauskunft RENFE: Tel. 902 24 02 02, www.renfe.es.

Langstreckenbusse fahren die Estación Sur (Méndez Álvaro) an; viele Gesellschaften verbinden Madrid preisgünstig mit allen Landesteilen. Auskunft unter Tel. 914 68 42 00. Metrotickets gelten auch in Bussen.

MIT DEM AUTO

Die Autobahnen in Spanien sind mautpflichtig. In Madrid spart man Zeit und schont die Nerven, wenn man auf öffentliche Verkehrsmittel umsteigt. Die Parkmöglichkeiten in der Innenstadt sind sehr eingeschränkt. Für Parkhäuser zahlt man stunden- bzw. tageweise. Falschparker werden rigoros abgeschleppt!

Schnell und bequem geht es mit der Metro durch die spanische Hauptstadt

STADTVERKEHR

PER TAXI

Taxis sind das sicherste Verkehrsmittel. Gut 15 500 weiße Taxis mit rotem Querstreifen sind in der Stadt unterwegs. Die Tarife sind relativ günstig. Das Taxameter darf bei Fahrtbeginn maximal einen Grundpreis von 2,40 € anzeigen; Zuschläge fallen für Nacht-, Sonn- und Feiertags- (Grundpreis 2,90 €), Flughafen-, Messe- und Bahnhofsfahrten an. Die Tarife müssen am rechten hinteren Fenster angeschlagen sein. Übers Ohr gehauen wird man bevorzugt auf der Flughafenroute; eine Quittung *(recibo oficial)* schafft Klarheit. Beschwerdestelle: Oficina Municipal del Taxi, Vallehermoso, 1, Tel. 915 88 96 32. Taxiruf: z. B. Tel. 915 47 82 00, 913 71 21 31.

MIT ÖFFENTLICHEN VERKEHRSMITTELN

Die Metro ist ein zuverlässiges und schnelles Transportmittel. Ihre zwölf Linien verkehren von 6 bis 1.30 Uhr. Bis an den Stadtrand fahren die drei Stadtbahnen der sog. Metro Ligero. Metrotickets kann man an den Automaten lösen oder am Kiosk kaufen. An den Zugangsschranken sind diese zu entwerten. Über 150 Buslinien verkehren von 6 bis 24 Uhr. Nachtbusse *(búhos)* fahren bis 5 Uhr morgens ab Puerta del Sol und Plaza de Cibeles.

🗨 IM ERDBEERZUG

Samstags und sonntags fährt um 10 Uhr (Mai–Juli) im Atocha-Bahnhof schnaubend die rekonstruierte Dampflok des **Tren de la Fresa** nach Aranjuez ab (Fahrzeit ca. 50 Min.; Rückfahrt: 18 Uhr). Die historische Zuglinie wurde 1851 eröffnet. Den Ausflüglern in den holzgetäfelten Nostalgiewaggons servieren Hostessen frische Erdbeeren aus Aranjuez. Im Fahrpreis von 30 €/Person (Kinder 19 €) inkl.: Eintritt und Führung durch das Königsschloss. Auskunft: Tel. 902 22 88 22; Buchung: an allen Madrider Bahnhöfen oder im Reisebüro.

Überall gilt ein Einheitstarif für bis zu fünf Stationen von 1,50 € pro einfache Fahrt *(sencillo)*; jede weitere Station kostet 0,10 € mehr (max. 2 €), der Tarif für die Metro Ligero beträgt 3 €. Die Zehnerkarte *(Metrobús)* kommt mit 12,20 € deutlich günstiger. Das Metrobús-Ticket gilt auch für städtische Busse und ist in den U-Bahnhöfen erhältlich. Die Busfahrer verkaufen nur Tickets für einfache Fahrten. Praktisch ist die wiederaufladbare Plastikkarte »Tarjeta Multi« für 2,50 €, womit die jeweilige Fahrt einfach abgebucht werden kann.

Mit der Besucherkarte *(Abono Turístico)* kann man alle öffentlichen Verkehrsmittel beliebig oft benutzen; sie ist erhältlich für 1, 2, 3, 4, 5 und 7 Tage (8,40/14,20/18,40/ 22,60/26,80 und 35,40 €). Auskunft zur Metro: Tel. 902 44 44 03, www.metromadrid.es, Infos zu den Bussen: Tel. 914 06 88 10, www.emtmadrid.es.

STADTRUNDFAHRTEN / AUSFLÜGE

Doppeldeckerbusse mit der Bezeichnung »Madrid City Tour« pendeln täglich 10–19 Uhr (Sommer bis 22 Uhr) auf zwei Routen zwischen den wichtigsten Sehenswürdigkeiten. Die beiden Rundfahrten beginnen an der Puerta des Sol; für 21 € (Tagespreis für Erwachsene; Kinder 10 €) kann man an allen markierten Stationen beliebig ein- und aussteigen (Erläuterungen gibt es auch auf Deutsch, www.madrid.city-tour.com). › mehr S. 12 Punkt ❷

Lohnend sind die Themen-Exkursionen zu Fuß, per Bus oder mit dem Leihfahrrad des städtischen Patronato de Turismo (z. B. Führungen durch klassische Tavernen, Spaziergänge durch das literarische Madrid); einige Touren werden auch auf Deutsch und Englisch angeboten. Info: **Centro de Turismo,** Plaza Mayor, 27, Tel. 914 54 44 10, www.esmadrid.com.

Mit Vorsicht zu genießen sind die neuerdings boomenden »Gratis-Touren« verschiedener Anbieter (z. B. www.newmadrid-tours.com). Die Rundgänge können zwar durchaus unterhaltsam sein, am Ende erwarten die jugendlichen Führer jedoch ein sattes »Trinkgeld«.

MIETWAGEN

Mietwagen kann man bei den Filialen der Verleihfirmen am Flughafen Barajas oder über die Hotelrezeption ordern (meist auf Kreditkarte). Es ist günstiger, das Auto vor Rückgabe selbst voll zu tanken als dafür zu bezahlen. In der Innenstadt fährt man mit öffentlichen Verkehrsmitteln besser.

💬 LÄRMHAUPTSTADT MADRID

Ein ganz normaler Vormittag an der Castellana: Auf sechs Spuren tobt der Straßenverkehr, tausendfach hallt der Motorenlärm von den Betonfassaden der Hochhäuser wider. Röhrende Linienbusse, kreischende Bremsen vor roten Ampeln, dröhnende Mopeds mit aufgebohrten Auspuffen; dazwischen Schreie von Losverkäufern, das Jaulen einer Ambulanz im Einsatz, die Trillerpfeife eines Verkehrspolizisten – so müsste die heimliche Hymne Madrids klingen. Die Obergrenze von 70 Dezibel (darüber sind Gehörschäden nicht auszuschließen) wird von jeder zweiten Straße im Stadtgebiet mehr als zehn Stunden täglich überschritten.

Die Hauptstädter regt der Lärm längst nicht mehr auf. Entweder man hört einfach nicht hin oder man kompensiert den Soundtrack der Straßen mit noch mehr Krach: dem plärrenden Fernseher in der Bar, einer Hand an der Hupe und vor allem mit dem eigenen Organ – stimmlich sind die Madrileños bestens an ihre Umwelt angepasst.

⬛ BESTÄNDIGER WANDEL

Die Gambas in Knoblauchöl der Casa del Abuelo sind legendär

Nichts ist so beständig wie der Wandel – dieses Prinzip haben die Madrilenen verinnerlicht. Sie sind Meister der Anpassung, Lebens- und Überlebenskünstler. Nach langer Wirtschaftskrise sieht Spanien Licht am Ende des Tunnels. Drei Momentaufnahmen aus der Stadt im Aufbruch:

Retro-Futurismus im Kikekeller: Als Celia und Kike Keller 2005 die ehemalige Schneiderwerkstatt bezogen, hatten sie noch keinen Plan. »Eine spontane Eingebung«, sagt Celia, »denn nach Malasaña ging damals niemand freiwillig«. Mit ihrem Ehepartner Kike, Metallbauer und Filmausstatter, verwandelte sie das heruntergekommene Atelier im einstigen Schmuddelviertel in einen der spannendsten Treffpunkte der Stadt: Kikekeller ist Showroom für Kikes kühne Möbel- und Design-Fantasien und zugleich Celias Bar,

Galerie und Party-Location für Nachbarn, Freunde und Kreative aus aller Welt. Den Gastraum hinter dem Laden betritt man durch einen Türbogen, darüber ein riesiger Ventilator. Ein wenig erinnert das Interieur an die Kulisse aus »Metropolis« und frühes Science-Fiction-Kino, mit Anleihen bei Bauhaus, Dalí und Dadaismus. Den Kühlergrill eines Traktors, ausgediente Maschinenteile und polierte Stahlschränke aus antiquierten Amtsstuben kombiniert Kike mit Glas, Leder und Holz. »Unser Stil ist Retro-Futurismus«, so Celia, »ein wenig verrückt, aber auch praktisch«. Alle Objekte sind Unikate und Prototypen in einem: Tisch, Sessel oder Theke – während langer Nächte im Kikekeller kann man das Lieblingsmöbel ausgiebig testen und vielleicht irgendwann für zu Hause ordern. Kikes Werkstatt liegt in Boadilla del Monte, in einem

Vorort Madrids. Dort entstand auch die komplette Einrichtung des Hotels »7 Islas« (www.7islashotel.com), ein paar Straßen vom Showroom entfernt. Auch die Frisierplätze im Nobelsalon Isaac Salido (www.isaacsalido.es) stammen von dort. Gleich zum Mitnehmen im Laden: die witzigen Lampenkreationen von Kompagnon Ángel Tausia und Kikes Accessoires für Wand und Tisch. Natürlich alles in Retro-Futuristisch.

- **Kikekeller**
  Corredera Baja de San Pablo, 17
  Ⓜ Callao | Tel. 91 522 87 67
  www.kikekeller.com
  Bar & Galerie nur Do–Sa abends 19–3 Uhr, Laden Mo–Sa 17–21 Uhr

In Zukunft autofrei: Es ist kurz nach Sonnenuntergang, und bei El Abuelo herrscht Hochbetrieb am Tresen. Seit 1906 gibt es den »Großvater«, eine winzige Stehkneipe in der Calle Victoria. Alfonso und Alex servieren die besten Garnelen im Ausgehviertel Huertas – *gambas al ajillo* (in Knoblauchöl) oder *a la plancha* (von der Grillplatte). Vor der Tür: Verkehrschaos, Baustellen überall. Im Gassengewirr stehen Taxis und andere Autos wieder einmal Stoßstange an Stoßstange. »Nicht mehr lange«, weiß Alfonso, »bald werden sie ausgesperrt«. Denn Bürgermeisterin Manuela Carmena liebt Fußgängerzonen und öffentliche Verkehrsmittel. Sie selbst nimmt lieber die Metro als den Dienstwagen. Nach und nach soll das Zentrum so gut wie autofrei werden – sogar die Gran Vía. »Muy ambicioso«, ziemlich ehrgeizig,

meinen die beiden Gambas-Experten. »Aber gut fürs Geschäft«.

- **La Casa del Abuelo**
  Victoria, 1 | Letras | Ⓜ Sol
  www.lacasadelabuelo.es

Microteatro – Kammerspiel im Viertelstundentakt: Am Anfang stand »La Crisis«: Geht es der Wirtschaft schlecht, leidet auch die Kultur. Neue Ideen waren 2009 gefragt, um Schauspielern und Dramaturgen Arbeit und dem Publikum trotz knapper Kassen anspruchsvolles Theater zu bieten – das Kollektiv *Microteatro por Dinero,* das »Kleine Theater für Geld« hatte die Lösung: In den Separées eines einstigen Bordells wurden 15-minütige Miniaturen vor einer Handvoll Zuschauern aufgeführt – selbst geschrieben, professionell gespielt und gegen ein paar Euro in bar. Die Themen der Minuten-Dramen und -komödien kreisten um Sex, Beziehungen, Politik. Was folgte, ist eine echte Erfolgsgeschichte: Das Publikum konnte sich kaum sattsehen an den knackig-kurzen Stücken, und schon bald zog das Ensemble um in ein eigenes Haus. In der 1. Etage gibt es Tapas, Bier und Wein, im Untergeschoss liegen die Mini-Bühnen. Die gebuchten Zuschauer werden über Bildschirme und per Lautsprecher aufgerufen. Das Erlebnis ist intensiv und direkt, denn die max. acht Zuschauer sitzen den Darstellern fast auf dem Schoß (Ticket 4,50 €) – etwas Spanisch sollte man verstehen.

- **Microteatro por Dinero**
  Loreto y Chicote | 9, Tel. 91 521 88 74
  www.microteatro.es | Ⓜ Callao

UNTERKUNFT

Vom 5-Sterne-Luxus bis zum familiären Etagen-Hostal: Madrids Hotellerie bietet in jeder Preislage eine große Auswahl an Unterkünften – hier sollte wirklich für jeden Geschmack etwas dabei sein.

HOTELS

Das Angebot der Madrider Hotellerie ist einer Weltstadt würdig. Die Bandbreite reicht von einfachen *Casas de Huespedes* (weißes CH auf blauem Schild), *Pensiones* (P) und familiären *Hostales* (HS) bis zum *Hotel*. Hostales werden je nach Ausstattung von der Tourismusbehörde Turespaña mit bis zu drei Sternen, Hotels mit bis zu fünf Sternen bewertet. Drei Nobelherbergen dürfen sich derzeit mit der Auszeichnung Gran Lujo (GL; »großer Luxus«) schmücken.

Die Zimmerpreise haben in den letzten Jahren kräftig angezogen; das Preis-Leistungs-Verhältnis erscheint vor allem im 4-Sterne-Sektor nicht immer nachvollziehbar. Gute Hostales oder 2- bis 3-Sterne-Häuser bieten fürs Geld oft ebenso viel Komfort und Service. Gute preiswerte Unterkünfte findet man vor allem im Literaturviertel zwischen Plaza de Santa Ana und Plaza de las Cortes. An Wochenenden gelten oft vergünstigte Tarife. Das Frühstück wird in Spanien meist extra berechnet.

LUXUSHOTELS
AC Santo Mauro €€€ 🛏 D1
37 Zimmer und Apartments in luxuriös renoviertem Adelspalast.

┌─── 📢 **FRÜHZEITIG BUCHEN** ───

Vor allem während des beliebten Volksfestes Feria de San Isidro vom 8. bis 15. Mai > **S. 65**, das auch den Höhepunkt der Stierkampfsaison darstellt, sollte man sich rechtzeitig um ein Hotelzimmer kümmern. Aufgrund der ganzjährig in Madrid stattfindenden zahlreichen Messen und Kongresse ist es ohnehin ratsam, die Unterkunft frühzeitig zu buchen.

└─────────────────────

• Zurbano, 36 | Chamberí
Ⓜ Rubén Darío
Tel. 913 19 69 00 | www.marriott.com

NH Palacio de Tepa €€€ 🛏 D4
Einmalige Lage an der Plaza de Santa Ana, neuer Schick in altem Gemäuer.
• San Sebastián, 2 | Letras
Ⓜ Sol | Tel. 913 89 64 90
www.nh-hotels.de

Ritz €€€ 🛏 E4
Das Luxus-Flaggschiff der Madrider Hotellerie im Herzen der spanischen Hauptstadt eröffnet 2019 neu nach einer Komplettsanierung.
• Pl. Lealtad, 5 | Paseo del Arte
Ⓜ Banco de España
Tel. 917 01 67 67
www.mandarinoriental.com

Urban €€€ 📖 D4
Luxushotel mit Poolterrasse, schicken
Designermöbeln und Kunstobjekten.
• Carrera de San Jerónimo, 34 | Sol
  Ⓜ Sevilla | Tel. 917 87 77 70
  www.hotelurban.com

Wellington €€€ 📖 F3
Stammhotel berühmter Stierkämpfer,
vornehmes Flair.
• Velázquez, 8 | Salamanca
  Ⓜ Retiro | Tel. 915 75 44 00
  www.hotel-wellington.com

GEHOBENE MITTELKLASSE
Gran Hotel Inglés €€€ 📖 D4
Tolle Lage im Ausgehviertel Huertas; das
Traditionshotel von 1886 wurde kürzlich
luxusrenoviert.
• Echegaray,8 | Letras | Ⓜ Sevilla
  Tel. 913 60 00 01
  www.granhotelingles.com

Gran Meliá Fénix €€€ 📖 E3
Schönes altes Haus in Salamanca mit
großen Zimmern.
• Hermosilla, 2 | Salamanca | Ⓜ Colón
  Tel. 914 31 67 00 | www.melia.com

Only you €€€ 📖 E3
Im Ausgehviertel Chueca. 32 Zimmer, sehr
stylish. Lounge in kolonialem Look.
• Barquillo, 21 | Chueca
  Ⓜ Chueca | Tel. 910 05 27 46
  www.onlyyouhotels.com

VP Jardín de Recoletos €€€ 📖 E3
Sehr ruhige, große Zimmer, tolles Früh-
stück im Garten.
• Gil de Santivañes, 6
  Paseo del Arte | Ⓜ Serrano
  Tel. 917 81 16 40
  www.recoletos-hotel.com

Ungewöhnliches Design im Hotel Only you

MITTELKLASSEHOTELS
Lusso Infantas €€ 📖 D4
Schöner Bau des 19. Jhs., nahe Gran Vía.
Geräumige Zimmer.
• Infantas, 29 | Chueca
  Ⓜ Chueca | Tel. 915 21 28 28
  www.hotelinfantas.com

Mercure Madrid Centro €€€ 📖 D5
Praktisches Hotel in idealer Altstadtlage,
die Zimmer tragen u. a. die Namen von
Literaten. Klasse: Die Suiten mit Terrasse
in der obersten Etage.
• Lope de Vega, 49 | Letras
  Ⓜ Sevilla | Tel. 913 60 00 11
  www.accorhotels.com

Miau €€ 📖 D4
Modern eingerichtete Zimmer hinter neo-
klassizistischer Fassade, sehr praktisch an
der Plaza de Santa Ana gelegen. Für den
Preis gut.
• Del Príncipe, 26 | Letras

WOHNEN MIT FLAIR

- **The Westin Palace** €€€ 🛏 D4
  Stilvolles Belle-Époque-Haus mit
  eindrucksvoller Buntglaskuppel
  über der Hotelhalle.
  Pl. de las Cortes, 7
  Paseo del Prado | Ⓜ Sevilla
  Tel. 913 60 80 00
  www.marriott.com
- **Casa de Madrid** €€€ 🛏 C4
  Ein Juwel; sieben Zimmer, liebe-
  voll mit antiken Möbeln einge-
  richtet, persönlicher Service.
  Arrieta 2 | Austrias
  Ⓜ Ópera | Tel. 915 59 57 91
  www.casademadrid.com
- **Orfila** €€€ 🛏 E2
  Sehr feines Hotel in Bürgerpalais
  aus dem Jahr 1880 mit 32 ruhigen
  Zimmern.
  Orfila, 6 | Chamberí
  Ⓜ Colón | Tel. 917 02 77 70
  www.hotelorfila.com
- **Emperador** €€€ 🛏 C3
  Etwas in die Jahre gekommen,
  aber grandiose Aussicht von der
  Poolterrasse über die Gran Vía.
  Gran Vía, 53 | Sol – Gran Via
  Ⓜ Santo Domingo
  Tel. 915 47 28 00
  www.emperadorhotel.com
- **Posada del Dragón** €€ 🛏 C5
  27 originell gestaltete Zimmer,
  mitten in der Altstadt. Moderne
  Marktküche im Restaurant »La
  Antoñita«.
  Cava Baja, 14 | La Latina
  Ⓜ La Latina | Tel. 911 19 14 24
  www.posadadeldragon.com

Ⓜ Sol | Tel. 913 69 71 20
www.hotelmiau.com

Ópera €€ 🛏 C4
Vollständig renoviertes Traditionshotel un-
weit des Königspalastes im historischen
Viertel der Habsburger.
- Cuesta de Santo Domingo, 2
  Austrias | Ⓜ Ópera
  Tel. 915 41 28 00
  www.hotelopera.com

Praktik Metropol €€ 🛏 D4
Preiswert, helle und freundliche Zimmer,
teils mit Blick auf die Gran Vía. Das Plus:
die Dachterrasse.
- Montera, 47 | Sol
  Ⓜ Gran Vía | Tel. 915 21 29 35
  www.praktikmetropol.com

Preciados €€ 🛏 C4
Zentral in der Fußgängerzone hinter der
Puerta del Sol. Elegant, Zimmer teils mit
Balkon; gute Preise.
- Preciados, 37 | Sol
  Ⓜ Callao | Tel. 914 54 44 00
  www.preciadoshotel.com

Santo Domingo €€ 🛏 C3
Angenehmes Stadthotel in zwei Gebäuden,
auf der Dachterrasse kleiner Pool.
- San Bernardo, 1 | Malasaña
  Ⓜ Santo Domingo
  Tel. 915 47 98 00
  www.hotelsantodomingo.es

Sardinero €€ 🛏 D2
Frisches Design in stattlichem Gründerzeit-
bau, zwei schöne Dachterrassen. Perfekte
Metro-Lage.
- Alonso Martínez, 3 | Chamberí
  Ⓜ Alonso Martínez | Tel. 912 06 21 60
  www.hotelsardineromadrid.com

Siete Islas €€ 📘 D4

Der letzte Schrei mitten im Szene-Dreieck TriBall: Tolle Inneneinrichtung von Kikekeller > **S. 28.** Die Penthouse Rooms haben geniale Terrassen.

- Valverde, 14 | Malasaña

  Ⓜ Gran Vía

  Tel. 915 23 46 88

  www.7islashotel.com

EINFACHE HOTELS / APARTHOTELS

Ganivet € 📘 C5

Freundliches 3-Sterne-Haus, bezahlbare Zimmer teils mit Terrasse. Wer möchte, kann den Whirlpool mit Aussicht auf dem Dach genießen.

- Toledo, 111–113 | La Latina

  Ⓜ Puerta de Toledo

  Tel. 913 65 36 00

  www.hotelganivet.com

Europa € 📘 C4

Direkt hinter der Puerta del Sol, helle, praktische Zimmer. Gut geführtes Hotel mit einem freundlichen Service.

- Carmen, 4 | Sol

  Ⓜ Sol | Tel. 915 21 29 00

  www.hoteleuropa.net

Hostal Arco Iris € 📘 G3

Liebevoll eingerichtet in lebendigen Regenbogenfarben. Das erinnert an das Design der 1970er-Jahre.

- O'Donnell, 27, 6. Stock | Retiro

  Ⓜ O'Donnell | Tel. 620 93 62 77

  www.hostalarcoiris.com

Hostal Armesto € 📘 D4

Preiswert, sauber und freundlich. Helle Zimmer nahe des Museo Thyssen.

- San Agustín, 6 | Letras

  Ⓜ Antón Martín | Tel. 914 29 90 31

  www.hostalarmesto.com

Hostal Astoria € 📘 D4

Renovierte helle Zimmer, sehr zentral, teils mit eigener Terrasse.

- San Jerónimo, 30–32 | Sol

  Ⓜ Sol | Tel. 914 29 11 88

  www.hostal-astoria.com

Luxussuiten im Belle-Époque-Stil bietet The Westin Palace

ESSEN & TRINKEN

Madrid macht Appetit: Zuwanderer aus allen Winkeln der Iberischen Halbinsel lassen die Regionalküchen des Landes hochleben; Südamerikaner und Orientalen sorgen für eine exotische Note.

Nichts wird in Madrid häufiger diskutiert als die Frage »Wo essen und trinken wir heute?«. Denn in der Stadt stehen 5000 Restaurants sowie 20 000 *bares, cervezerías, mesónes, tascas* und *tavernas* zur Auswahl.

MAHLZEITEN

Von nur geringer Bedeutung ist das Frühstück *(desayuno)*, ein rascher *café con leche* (Milchkaffee), dazu vielleicht ein Croissant oder ein Toast und ein Glas Leitungswasser hinterher – für viel mehr hat am Morgen kaum jemand Zeit. Bis zur Hauptmahlzeit, dem üppigen *almuerzo* (nicht vor 14 Uhr) nimmt man in der Bar an der Ecke ein paar Tapas › S. 110. Ein Bier vom Fass *(caña)* oder ein Gläschen Wein *(chato de vino)* im Stehen gehören dazu. Zum Abendessen *(cena)* findet man sich frühestens um 21.30 Uhr ein; die Lokale füllen sich selten vor 23 Uhr. Nach einer ausgedehnten Zechtour begrüßen Nachtschwärmer die Sonne dann gerne bei einer Portion *churros con chocolate,* in Öl gebackenen Teigkringeln, die man in starken und dickflüssigen Kakao tunkt.

TYPISCH KASTILISCH

Typisch kastilische Gerichte sind beispielsweise ein knuspriges Spanferkel *(cochinillo),* Milchlamm *(lechazo)* oder Zicklein *(cabrito),* deren Fleisch so aromatisch und zart schmeckt, dass es buchstäblich auf der Zunge zergeht. Geschmort werden die Braten im Ofen *(horno de asar)* oder im Tontopf, damit der Saft nicht verloren geht. Als Beilagen kommen Salat und Brot auf den Tisch.

Zu den volkstümlichsten Rezepten zählen sättigende Eintöpfe wie der *estofado* (Rindsragout mit Tomaten, Zwiebeln und Kartoffeln), *callos a la madrileña* (Kutteln mit Blutwurst, Paprikawurst und Kalbsfuß) oder der obligatorische *cocido madrileño.* Nach dem Genuss dieses typischen Winteressens braucht man sich allerdings nicht mehr viel vorzunehmen – allzu magenfüllend ist diese Madrider Spezialität: Auf der Basis von eingeweichten Kichererbsen *(garbanzos)* werden Schweinespeck, Schinken, Hühnerfleisch, Blut- und Paprikawurst *(morcilla* bzw. *chorizo),* Kartoffeln, Karotten und Weißkohl zusammen gekocht. Die gehaltvolle Brühe wird abgegossen und vorab mit Nudeleinlage als Suppe gereicht. Das einstige Armeleuteessen zelebrieren heute längst auch zahlreiche Edelrestaurants. Süße Nachspeisen sind z. B. *flan* (Eierpudding mit Karamelsoße), *leche frita*

(Pudding, in Fett ausgebacken), *mazapán* (Marzipan aus Toledo) oder *tarta helada* (Eistorte). Vielleicht nicht jedermanns Sache ist der intensiv schmeckende asturische Käse *cabrales,* der aus Schafs- und Ziegenmilch zubereitet wird; je reifer, desto rassiger schmeckt der *queso manchego,* ein Schafskäse aus der Mancha. Häufig isst man Käse zusammen mit *dulce de membrillo,* einer in dünne Scheiben geschnittenen Quittenpaste.

Unverzichtbar, auch für das körperliche Wohlbefinden nach dem Essen ist der Espresso ohne *(café sólo)* oder mit wenig Milch *(cortado).* Carajillo nennt sich Kaffee, der mit einem Schuss Brandy versetzt wird. Zum Abschluss eines opulenten Mahls genehmigt man sich den populären Anis-Digestif *(anisado)* aus Chinchón.

EDLE TROPFEN

Wenig bekannt sind die Rotweine der Region Madrid *(Vinos de Madrid D.O.),* obwohl jährlich rund 40 Mio. Liter produziert werden. Eine bemerkenswerte Qualität erreichen die Anbaugebiete Navalcarnero, Arganda und San Martín de Valdeiglesias. Viel häufiger kredenzen Bars und Restaurants die milden Landweine aus La Mancha (Valdepeñas, Almansa) und die erstklassigen Gewächse aus La Rioja und Riba del Duero, zu denen der Vega Sicilia zählt, der teuerste Wein Spaniens.

Die besten Weißweine des Landes stammen aus dem katalanischen Penedès (Provinz Tarragona). Ein Tropfen für alle Fälle ist der andalusische *Jerez* (Sherry), der in Madrid bevorzugt in den trockenen Sorten *(fino* und *manzanilla)* genossen wird.

In den Tapas-Bars trifft man sich auf ein Glas Wein sowie Tapas und Raciónes (Casa Alberto)

EDEL UND TEUER

Diverxo €€€ 🥄 D2

Sterneküche als Gesamtkunstwerk mit
Showprogramm. So schön serviert, fast zu
schade zum Essen.

- Padre Damian, 23 (im Hotel Eurobuilding)
  Chamartín | Ⓜ Cuzco
  Tel. 915 70 07 66 | www.diverxo.com

El Club Allard €€€ 🥄 B3

Molekular-Küche von Diego Guerrero, aus-
gezeichnet mit zwei Michelin-Sternen. Das
Ambiente – klassisch, die Erfahrung – ein-
zigartig. So/Mo geschl.

- Ferraz, 2 | Princesa | Ⓜ Pl. de España
  Tel. 915 59 09 39 | www.elcluballard.com

Santceloni €€€ 🥄 E1

Madrider Niederlassung des katalanischen
Starkochs Santi Santamaria im Hotel Hes-
pería; moderne und kreative Spitzenküche.
So geschl.

- Paseo de la Castellana, 57 | Chamberí
  Ⓜ Gregorio Marañón | Tel. 912 10 88 40
  www.restaurantesantceloni.com

Zalacaín €€€ 🥄 E1

Eines der besten (und teuersten) Restaurants Spaniens mit baskischer und franzö-
sischer Nouvelle Cuisine. Sa mittags und
So geschl.

- Álvarez de Baena, 4 | Castellana
  Ⓜ Gregorio Marañón
  Tel. 915 61 48 40
  www.restaurantezalacain.com

TYPISCH MADRID

El Barril de las Letras €€ 🥄 D4

Exzellente frische Meeresfrüchte, Schinken
und Lamm. Feine Weine.

- Cervantes, 28 | Letras
  Ⓜ Sevilla | Tel. 911 86 36 32
  www.barrildelasletras.com

La Bola €€ 🥄 C3

Schmuckes Altstadtlokal, legendär der cocido aus dem Tonkrug. So geschl.

- Bola, 5 | Austrias | Ⓜ Santo Domingo
  Tel. 915 47 69 30 | www.labola.es

Botín €€ 🥄 C5

Das älteste und bekannteste Lokal der
Stadt. Kastilische Spezialitäten, z. B. cochinillo asado, Spanferkelbraten.

- Cuchilleros, 15–17 | Austrias
  Ⓜ Sol | Tel. 913 66 42 17
  www.botin.es

La Carmencita €€ 🥄 D3

Wunderschönes Lokal aus dem 19. Jh., liebevoll zubereitete spanische Klassiker.

- Libertad, 16 | Chueca
  Ⓜ Chueca | Tel. 915 31 09 11
  www.tabernalacarmencita.es

Casa Ciríaco €€ 🥄 B4

Ein Klassiker: Künstler- und Politikertreff
am Rathaus; Hausmannskost, Spezialität:
Hühnerfrikassee. Mi geschl.

- Mayor, 84 | Austrias | Ⓜ Sol
  Tel. 915 48 06 20
  www.casaciriaco.es

Casa Lucio €€ 🥄 C5

Klassische kastilische Küche wird hier serviert; unbedingt reservieren.

- Cava Baja, 35 | La Latina
  Ⓜ La Latina | Tel. 913 65 32 52
  www.casalucio.es

Casa Paco €€ 🥄 C5

In der 1870 gegründeten Taverne werden
die Fleischgerichte in großen Portionen
serviert. Mo geschl.

- Pl. Puerta Cerrada, 11 | La Latina
  Ⓜ Sol | Tel. 913 66 31 66
  www.casapaco1933.es

El Puchero €€ 📕 D2

Deftige Hausmannskost, Schmor- und Eintopfgerichte; sehr populär. So geschl.
- Padre Damian, 37 | Chamartín
  Ⓜ Cuzco | Tel. 913 45 62 98
  www.alabardero.es

La Taberna del Alabardero €€ 📕 C4

Tapas und kleine Gerichte, im Restaurant gehobene nordspanische Küche.
- Felipe V., 6 | Austrias
  Ⓜ Ópera | Tel. 915 47 25 77

Casa Mingo € 📕 A3

Asturischer Apfelwein *(sidra)* vom Fass, Brathuhn und *chorizo.* Immer laut, lustig und voll.
- Paseo de la Florida, 34 | Princesa
  Ⓜ Príncipe Pío | Tel. 915 47 79 18
  www.casamingo.es

Malacatín € 📕 C5

Rustikale Taverne mit unbezwingbaren Portionen des vielleicht besten *cocido* der Stadt. Mo–Sa Mittagstisch, Do/Fr abends, So geschl. > mehr S. 15 Punkt ⓱
- Ruda, 5 | La Latina | Ⓜ La Latina
  Tel. 913 65 52 41
  www.malacatin.com

INTERNATIONALES

Al-Mounia €€ 📕 E3

Die vielleicht beste marokkanische Küche diesseits von Gibraltar.
- Recoletos, 5 | Paseo del Arte
  Ⓜ Banco de España | Tel. 914 35 08 28
  www.restaurantealmounia.es

Cafrune €€ 📕 D3

Argentinische Steaks, in Perfektion gegrillt, stilvoll serviert.
- Barquillo, 20 | Chueca | Ⓜ Chueca
  Tel. 910 57 01 76 | www.cafrune.es

AUS SPANIENS REGIONEN

- **O'Pazo** €€€
  Kantabrisch-galicische Fischküche auf höchstem Niveau. So geschl.
  Reina Mercedes, 20 | Tetuán
  Ⓜ Nuevos Ministerios
  Tel. 915 53 23 33 | www.opazo.es
- **Julián de Tolosa** €€ 📕 C5
  Baskisches Ochsenkotelett oder Seehecht (Merluza) *a la vasca* – beides in Perfektion. > S. 76
  Cava Baja, 18 | La Latina
  Ⓜ La Latina | Tel. 913 65 82 10
  www.juliandetolosa.com
- **La Barraca** €€ 📕 D4
  Mittelmeerküche aus València und Katalonien, gute Reisgerichte.
  Reina, 29 | Ⓜ Gran Vía | Chueca
  Tel. 915 32 71 54 | www.labarraca.es
- **La Gaditana** €€ 📕 G3
  Spezialitäten aus Andalusien: Krabbentortilla wie in Cádiz, Thunfisch von der Costa de la Luz und frischer Gazpacho.
  Fuente del Berro, 23 | Salamanca
  Ⓜ Man. Becerra | Tel. 911 15 37 51
  www.tabernalagaditana.com
- **Casa Parrondo** €€ 📕 C4
  Tapas-Lokal und Restaurant, asturische Köstlichkeiten.
  Trujillos, 4 und 9 | Sol
  Ⓜ Ópera | Tel. 915 22 62 34
  www.casaparrondo.com
- **El Caldero** €€ 📕 D5
  Gerichte der Region Murcia, z. B. Reis-Fisch-Eintopf.
  Huertas, 15 | Letras | Ⓜ Sol
  Tel. 914 29 50 44
  www.elcaldero.com

Cuando salí de Cuba €€ 🍴 C4

Arroz frito, gebratene Bananen, Daiquirís, und dazu wird gelegentlich kubanische Livemusik gespielt.
- Ternera, 4 | Sol | Ⓜ Callao
  Tel. 915 22 93 18 | bei Facebook

Sabor Gaucho €€ 🍴 A3

Feijoada, Fisch und Grillfleisch im Rodizio-Stil (»all you can eat«).
- Orense, 83 | Tetuán | Ⓜ Tetuán
  Tel. 915 70 71 93
  www.saborgauchoespana.com

TAPAS, WEIN UND BIER

Almendro 13 🍴 C5

Tapas, wie man sie nicht überall bekommt; urig. › **mehr S. 15 Punkt ⑳**
- Almendro, 13 | La Latina | Ⓜ La Latina
  Tel. 913 65 42 52

El Brillante 🍴 E5

Riesenauswahl an köstlichen und preiswerten belegten Broten *(bocadillos)*.
- Pl. del Emperador Carlos V., 8
  Paseo del Arte | Ⓜ Atocha
  www.barelbrillante.es

Casa Antonio 🍴 C5

Authentische *taberna* mit viel Lokalkolorit; *callos, champiñones* und mehr.
- Latoneros, 10 | La Latina
  Ⓜ La Latina

Casa Labra 🍴 C4

Gründungsort des sozialistischen PSOE (1879); Spezialitäten: *bacalao* (Stockfisch) und *croquetas* (Kroketten). › **mehr S. 15 Punkt ⑱**
- Tetuán, 12 | Sol | Ⓜ Sol
  Tel. 915 31 00 81 | www.casalabra.es

Cervecería Alemana 🍴 D4

Die Cervecería wurde 1904 von deutschen Auswanderern gegründet. Guter Start für den Nachtstreifzug.
- Pl. de Santa Ana, 6 | Letras
  Ⓜ Sol | Tel. 914 29 70 33
  www.cerveceriaalemana.com

La Dolores 🍴 D5

Hell und freundlich, ausgezeichnete marinierte Sardellenfilets; nicht ganz billig.
- Pl. de Jesús, 4 | Letras | Ⓜ Atocha
  Tel. 914 29 22 43

💬 KÜCHE DER REGIONEN

Die spanische Küche ist eine Küche der Regionen; in den Restaurants der Hauptstadt kann man sich problemlos einmal quer durchs ganze Land probieren. Besonders hoch im Kurs: Fisch und Meeresfrüchte von der Nordküste, die fangfrische Ware erreicht Madrid über Nacht. Wegen ihrer feinen Fischküche erfreuen sich primär baskische, galicische und asturische Restaurants eines hervorragenden Rufs. Zu den begehrtesten Kreationen gehören *merluza a la gallega* (geschmorter Seehecht), *besugo al horno* (Seebrasse), *bacalao al pil-pil* (getrockneter Kabeljau in Pfeffersoße), *pulpo a feira* (gekochte Seekrake) oder *gambas al ajillo* (Garnelen in Knoblauchöl). Ebenso selbstverständlich findet man auf den Speisekarten die Reisgerichte der Mittelmeerregion; nach dem Call-a-Pizza-Prinzip lässt man sich die valencianische Reispfanne sogar als Telepaella ins Haus kommen.

El Lacòn █ D4
Super Gemüse- und Fisch-Tapas. Tipp: »Tablas«, Tapas-Platten (2–4 Pers.).
- Manuel Fernández y González, 18
  Letras | Ⓜ Sol 914 29 60 42
  www.mesonellacon.com

Taberna de Antonio Sánchez █ C5
Vom Stierkämpfer gleichen Namens gegründet. Treff für *Aficionados*. Gutes Stierschwanzragout *(rabo de toro)* > S. 108.
- Mesón de Paredes, 13 | La Latina
  Ⓜ Tirso de Molina | Tel. 915 39 78 26

CAFÉS

Café Comercial █ D2
In Würde gealtertes Traditionshaus, Treff der Nachtschwärmer Malasañas.
- Glorieta de Bilbao, 7 | Malasaña
  Ⓜ Bilbao | Tel. 910 88 25 25
  www.cafecomercialmadrid.com

Café Gijón █ E3
Klassiker der Literatentreffs > S. 123.
- Paseo de Recoletos, 21 | Paseo del Arte
  www.cafegijon.com

Café de Oriente █ B4
Belle-Époque-Café am Teatro Real.
- Pl. de Oriente, 2 | Austrias | Ⓜ Ópera
  www.cafedeoriente.es

Nuevo Café Barbieri █ D5
Ein würdiges Kaffeehaus mit Patina und umso jüngerem alternativem Publikum.
- Ave María, 45 | Lavapiés | Ⓜ Lavapiés

La Pecera del Círculo de Bellas Artes █ D4
Auch für Nichtmitglieder des Kulturvereins, herrlich altmodisch > S. 118.
- Alcalá, 42 | Sol | Ⓜ Banco de España
  www.lapeceradelcirculo.com

SHOPPING

Bei brütender Sommerhitze ist es angenehm, in klimatisierten Ladengalerien oder in einem Kaufhaus herumzustöbern.

Die Modeboutiquen von Armani bis Yves Saint-Laurent liegen im Viertel Salamanca, an der Calle de Serrano, Calle Ortega y Gasset und Calle Goya. Eine populäre Einkaufsgegend liegt zwischen Gran Vía und Puerta del Sol, vor allem die autofreien Straßen Calle de Preciados und Calle del Carmen. Traditionsgeschäfte und originelle Kramläden findet man gehäuft im Zentrum nahe der Plaza Mayor sowie in den Stadtteilen Huertas und Lavapiés.

Die beste Zeit für attraktive Sonderangebote *(rebajas)* aller Art liegt zwischen Ende Juni und Mitte Juli, kurz bevor der allgemeine Aufbruch in die Sommerfrische stattfindet.

ANTIQUITÄTEN/KUNSTHANDWERK
Trödel, Kitsch und Kunsthandwerk, Ausgefallenes oder Antikes bietet jeden Sonntag der berühmte **Flohmarkt Rastro** > S. 109. Kunst und Antiquitäten kann man in der Rastro-Gegend auch in der Woche bei vielen Händlern kaufen, ebenso entlang der Calle del Prado.

Madrids Flohmarkt Rastro zieht Schnäppchenjäger an

Almirante 23 ▌E3
Alte Postkarten, Fotografien, Plakate.
- Almirante, 23 | Salesas | Ⓜ Chueca
  www.almirante23.org

Amieva-México ▌D5
In dem Antiquariat findet man neben Büchern auch Stiche und Radierungen.
- Huertas, 20 | Letras | Ⓜ Antón Martín

El Arco de los Cuchilleros ▌C4
Traditionelle Keramik, Porzellan, Silberschmuck.
- Pl. Mayor, 9 | Austrias | Ⓜ Sol

Espartería Juan Sánchez ▌C5
Korbwaren, Holz und Ton – alles handgearbeitet, seit 1927.
- Mediodía Grande, 3 | La Latina
  Ⓜ La Latina | www.tienda.esparteria.com

Galerías Piquer & Nuevas Galerías ▌C5
Verschiedene Läden zum Stöbern und Staunen, mitten im Rastro-Viertel. Schön

sind etwa die Art-déco-Objekte im Stil der 1920er-Jahre.
- Ribera de Curtidores, 12 bzw. 29
  La Latina | Ⓜ La Latina

GALERIEN
Antonio Machón ▌E3
Werke etablierter Künstler der spanischen Moderne.
- Conde de Xiquena, 8 | Salesas
  Ⓜ Chueca | Tel. 915 32 40 93
  www.antoniomachon.com

La Fábrica ▌E5
Die Galerie zeigt aktuelle Fotografie, Skulptur und Grafik.
- Alameda, 9 | Letras | Ⓜ Atocha
  Tel. 913 60 13 25 | www.lafabrica.com

Leandro Navarro ▌D5
Skulptur, Gemälde, Radierungen.
- Amor de Dios, 1 | Letras
  Ⓜ Antón Martín | Tel. 914 29 89 55
  www.leandro-navarro.com

MUSIK

El Flamenco Vive ▌C4
CDs, Bücher, Noten – alles rund um den
Flamenco > mehr S. 19 Punkt **39**
- Conde de Lemos, 7 | Austrias
  - Ⓜ Ópera | Tel. 915 47 39 17
  - www.elflamencovive.es

Félix Manzanero ▌D4
Renommierter spanischer Gitarrenbauer.
- Pl. de Santa Ana, 12 | Letras
  - Ⓜ La Latina | Tel. 913 66 00 47
  - www.guitarrasmanzanero.com

FEINKOST UND FLÜSSIGES

Almacén de Licores David Cabello ▌D4
Typische Bodega; Wein- und Schnapsange-
bot aktuell auf Kreidetafeln.
- Cervantes, 6 | Letras
  - Ⓜ Antón Martín

Frinsa – La Conservera ▌F2
Meeresfrüchte in edlen Dosen.
- Claudio Coello, 38 | Salamanca
  - Ⓜ Serrano | www.laconservera.es

Lhardy ▌D4
Vornehmes Delikatessengeschäft, mit Res-
taurantbetrieb (€€€).
- Carrera de San Jerónimo, 8 | Sol
  - Ⓜ Sol | Tel. 915 21 33 85
  - www.lhardy.com

Mariano Madrueño ▌C4
Seit 1895 Depot für Weine, Liköre, Schnäpse
und Hochprozentiges.
- Postigo de San Martín, 3
  - Sol | Ⓜ Santo Domingo

Museo del Jamón ▌C3
Bar, Restaurant und Feinkostladen in einem; viele Filialen. Vorzügliche Schinken-
spezialitäten > mehr S. 14 Punkt **14**

MADRIDER MÄRKTE

Spanische Märkte sind wie ein Fron-
talangriff auf alle Sinne: laut, bunt,
duftend. Einige traditionsreiche
Hallen haben sich in den letzten
Jahren in regelrechte Amüsiermei-
len verwandelt, die bis in die Mor-
genstunden geöffnet bleiben.
- **San Miguel** ▌C4
  Der schönste: Hinter der Glas-
  und Gusseisenfassade aus dem
  19. Jh. gibt es neben Obst und Gemüse bis spät nachts Tapas, Wein
  und Cocktails. > S. 73
  Pl. de San Miguel | Ⓜ Sol
- **Antón Martín** ▌D5
  Typisch Lavapiés: Ein wenig läs-
  sig, bodenständiges Publikum,
  freundliche Atmosphäre – hier
  kennt man sich eben noch …
  Santa Isabel, 5 | Ⓜ Antón Martín
- **Maravillas** ▌C1
  Der Größte: Auf zwei Etagen gibt
  es einfach alles, was Meer, Weide
  und Felder zu bieten haben.
  Bravo Murillo, 122
  Ⓜ Cuatro Caminos
- **Los Mostenses** ▌C3
  Der Multikulti-Markt im Viertel
  Malasaña, u. a. asiatische und la-
  teinamerikanische Lebensmittel.
  Pl. de los Mostenses, s/n
  Ⓜ Pl. de España
- **La Paz** ▌F2
  Die Luxusausführung: Kaviar, *foie
  gras,* Trüffel, feinste Schinken und
  Weine. Exzellenter Käse bei »La
  Boulette« (Stand Nr. 63)! > S. 123
  Ayala, 28 | Ⓜ Serrano

- z. B. Gran Vía, 70 | Sol/Gran Vía
  Ⓜ Pl. de España
  www.museodeljamon.es

Palacio de los Quesos 📱 C4
Alle Käsesorten Spaniens, dazu gibt es die
richtigen Weine.
- Mayor, 53 | Austrias | Ⓜ Sol

Patrimonio Comunal Olivarero 📱 D3
Feinstes Olivenöl aus den Regionen.
- Mejía Lequerica, 1 | Chueca
  Ⓜ Chueca | www.pco.es

La Violeta 📱 D4
Winziger Laden ganz in Lila, passend zum
Sortiment: kandierte Veilchenblätter und
Veilchenpastillen.
- Pl. de Canalejas, 6 | Sol | Ⓜ Sol
  www.lavioletaonline.es

ECHT MADRID
La Barfumería 📱 E3
Riesige Auswahl an Düften zum Ausprobie-
ren und Kombinieren.
- Conde de Aranda, 4 | Paseo del Arte
  Ⓜ Retiro

Casa de Diego 📱 C4
Fächer, Stöcke, Schirme. Das Motto seit
1858: »Morgen regnet es!«
- Puerta del Sol, 12 | Sol | Ⓜ Sol

Casa Yustas 📱 C4
Bringt einen spielend unter die Haube,
bzw. Hut, Kappe, Mütze oder *boina* (Bas-
kenmütze) > mehr S. 19 Punkt **40**
- Pl. Mayor, 30 | Austrias
  Ⓜ Sol | www.casayustas.com

Corsetería La Latina 📱 C5
Ein Unikum (seit 1925): Dessous und
Korsette für Damen.

- Toledo, 49 | La Latina
  Ⓜ La Latina

Guantes Luque 📱 D4
Handschuhe; auf Wunsch werden auch
Maßanfertigungen hergestellt.
- Espoz y Mina, 3 | Letras | Ⓜ Sol

Seseña 📱 D4
Capas, Umhänge aus den wärmenden Stof-
fen Flanell und Filz nach Maß.
- Cruz, 23 | Letras | Ⓜ Sol

MODE
Adolfo Domínguez 📱 E3
Moderne Herrenmode: klare Linien, stolze
Preise.
- Serrano, 18 | Paseo del Arte
  Ⓜ Serrano

Ekseption 📱 F3
Schön gestylter Laden, Designermode für
Señoras und Señores.
- Velázquez, 28 | Salamanca
  Ⓜ Velázquez

Sybilla 📱 E3
Eine der führenden spanischen Designerin-
nen für Damenmode. Edel und nicht ganz
preiswert.
- Jorge Juan, 12 | Salamanca
  Ⓜ Retiro

SCHUHE UND LEDER
Camper 📱 E3
Der moderne spanische Klassiker.
- Serrano, 24 | Paseo del Arte
  Ⓜ Serrano

Lotusse 📱 E3
Klassisch schöne Ware für sie und ihn.
- El Jardín de Serrano | Goya, 6
  Paseo del Arte | Ⓜ Serrano

KAUFHÄUSER

FNAC 🔳 C4

Medien-Kaufhaus mit überwältigender Auswahl.

• Preciados, 28 | Sol | Ⓜ Gran Vía

El Corte Inglés 🔳 C4

Die spanische Warenhauskette unterhält in Madrid mehrere Filialen. Beeindruckend ist das Sortiment der Feinkostabteilung.

› mehr S. 18 Punkt ㉞ und ㉟

• u. a. Preciados, 3 | Sol | Ⓜ Sol

VIPS 🔳 C4

Presse, Bücher, CDs, Geschenke und anderes, bis 3 Uhr nachts geöffnet.

• 14 Filialen, u. a. Gran Vía, 42
  Sol | Ⓜ Callao

LADENZENTREN

ABC Serrano 🔳 E2

Kleines, aber feines Shoppingcenter mit Bar-Restaurant auf der Dachterrasse.

• Serrano, 61 | Salamanca
  Ⓜ Núñez de Balboa

La Vaguada

Das größte Einkaufzentrum, etwas außerhalb gelegen, aber gut erreichbar. 450 Geschäfte unter einem Dach.

• Monforte de Lemos, 36
  El Pilar | Ⓜ Barrio del Pilar

AM ABEND

Madrid me mata – »Madrid bringt mich noch um«, der dramatische Stoßseufzer aus Zeiten der legendären Movida, der wilden Szene der 1980er-Jahre, hat noch immer seine Berechtigung.

Wo sonst in Europa kann man um 4 Uhr morgens im Stau stehen? Ständig auf der Suche nach dem ultimativen Nightlife-Erlebnis strömen nicht nur die Jugendlichen bevorzugt von Donnerstag bis Samstag auf die nächtlichen Straßen, am liebsten gruppenweise (Motto: *¿Adónde vamos?* – »Und wohin jetzt?«) und bis zum Sonnenaufgang. Die Hauptsache beim Ausgehen heißt *mucha marcha,* viel Spaß, Kommunikation, Flirt – und stets unterwegs bleiben. Als Ausgangspunkt für nächtliche Streifzüge eignen sich die *cervecerías* an der Plaza de Santa Ana, die *terrazas* entlang der Castellana oder die *tascas* und *tabernas* im Dichterviertel Huertas, wo man sich stärkt, bevor die Tour de force durch Bars, Klubs und Diskos losgehen kann.

Neben Amüsement und Zerstreuung bietet das Madrider Nachtleben aber auch Kulturgenuss in allen Spielarten: Oper, Zarzuela, Theater, Kino, Kabarett, Konzerte von Klassik über Jazz, Salsa bis Rock, Ballett, Tanz oder Flamenco.

INFO

Einen Überblick über die Veranstaltungen geben die jeweils freitags als Beilage zu »El País« und online erscheinende Zeitschrift »Guía del Ocio (www.guiadelocio.com/madrid) sowie die Kulturprogramm-

Die Westfassade des Madrider Opernhauses Teatro Real

rubriken der Tageszeitungen »El País«
oder »ABC«.

- **Kartenvorverkauf** online über www.tel
  entrada.com, Tel. 902 10 12 12.

OPER, THEATER, BALLETT
Teatro Real ▓ C4
Eines der größten und schönsten Opernhäuser Europas.

- Pl. de Oriente, 4 | Austrias
  Ⓜ Ópera | Tel. 902 24 48 48
  www.teatro-real.com

Teatro de la Zarzuela ▓ D4
In dem Musiktheater gibt es von Januar
bis Juli Oper und Ballett, ab Oktober bis
Dezember Zarzuelas.

- Jovellanos, 4 | Sol
  Ⓜ Banco de España | Tel. 915 24 54 00
  http://teatrodelazarzuela.mcu.es

Teatro Español ▓ D4
Klassisches und modernes Theater.

- Príncipe, 25 | Letras
  Ⓜ Sol | Tel. 913 60 14 80
  www.teatroespanol.es

Matadero Madrid
Spannendes modernes Programm in den
Hallen des alten Schlachthofs.

- Pl. de Legazpi, 8 | Madrid Río
  Ⓜ Legazpi | Tel. 915 17 73 09
  www.mataderomadrid.org

Fernán Gómez ▓ E3
Theater, Konzert, Tanz im städtischen Kulturzentrum.

- Pl. de Colón, s/n | Salesas
  Ⓜ Colón | Tel. 915 30 68 91
  www.teatrofernangomez.es

Teatro de la Luz ▓ C3
Populäre Musicalbühne, bekannt für auf-
wendige Produktionen.

- Gran Vía, 66 | Sol/Gran Vía
  Ⓜ Plaza de España | Tel. 915 41 55 69

KONZERTSÄLE

Auditorio Nacional de Música

Das Auditorio ist das Stammhaus des Nationalorchesters.

- Príncipe de Vergara, 146
  Prosperidad | Ⓜ Cruz de Rayo
  Tel. 913 37 01 39/40
  www.auditorionacional.mcu.es

WeZink Center ▮ F3

Mehrzweckhalle für Basketball (Real Madrid) und Konzerte aller Art.

- Felipe II, s/n | Salamanca
  Ⓜ O'Donnell | Tel. 914 44 99 49
  www.wizinkcenter.es

JAZZ UND LATIN

Café Central ▮ D4

Schönes Lokal im Kaffeehausstil, internationales Programm.

- Pl. del Ángel, 10 | Letras | Ⓜ Sol
  www.cafecentralmadrid.com

El Junco ▮ D3

Jazz, Blues, Funk – alles live in kleinem Club und DJ-Abende.

- Pl. de Santa Barbara, 10 | Chueca
  Tel. 913 19 20 81
  Ⓜ Alonso Martínez
  www.eljunco.com

El Juglar ▮ D5

Live-Bühne und Club mit Indie-Sound.

- Lavapiés, 37 | Lavapiés
  Ⓜ Lavapiés | Tel. 915 28 43 81
  www.salajuglar.com

Sala Clamores ▮ D2

Neben Jazz- und Folkbands treten spanische Liedermacher auf.

- Albuquerque, 14 | Chamberí
  Ⓜ Bilbao
  www.salaclamores.com

Tempo Club ▮ C3

Junges Publikum, Livebands, relaxte Stimmung, Latin, Jazz, Soul.

- Duque de Osuna, 8 | Conde Duque
  Ⓜ Pl. de España | Tel. 915 47 75 18
  www.tempoclub.net

KLUBS UND DISKOS

Velvet ▮ C3/4

Angesagter Club mit aktueller elektronischer Musik.

- Jacometrezo, 6 | Sol | Ⓜ Callao
  www.velvetdisco.es

Joy Eslava ▮ C4

Disko in ehemaligem Varietétheater, kleine Showeinlagen auf der Bühne. Während der legendären Madrider Morida gaben sich hier Prominente wie Pedro Almodóvar, Julio Iglesias oder Stevie Wonder die Klinke in die Hand.

- Arenal, 11 | Sol | Ⓜ Sol
  www.joy-eslava.com

Teatro Kapital ▮ E5

Megadiskothek auf sieben Etagen, mit Kino, Karaoke und allerlei Extras wie Laserstrahlern und Gogo-Tänzern.

- Atocha, 125 | Letras
  Ⓜ Atocha | www.grupo-kapital.com

La Riviera ▮ A5

Livekonzerte aller Art und Diskothek. Sonntags ist Salsa-Tag.

- Paseo Bajo de la Virgen del Puerto s/n
  Madrid Río | Ⓜ Príncipe Pío

Siroco ▮ C3

Rock- und Jazzbühne mit alternativem spanischen Programm.

- San Dimas, 3 | Conde Duque
  Ⓜ Noviciado
  www.siroco.es

FLAMENCOBÜHNEN (TABLAOS)

- **Casa Patas** 🔖 D5
  Viele Kenner der Szene, die Stimmung erreicht erst weit nach Mitternacht ihren Höhepunkt (Eintritt ab 32 €).
  Cañizares, 10 | Letras
  Ⓜ Antón Martín
  Tel. 913 69 04 96
  www.casapatas.com
- **Corral de la Morería** 🔖 B5
  Die Tänzerin des Hauses, Blanca del Rey, ist eine bekannte Größe (Dinner mit Show ab 70 €).
  Morería, 17 | La Latina
  Ⓜ Ópera | Tel. 913 65 84 46
  www.corraldelamoreria.com
- **Torres Bermejas** 🔖 C4
  Musikalisch überzeugend, pseudomaurisches Interieur (Dinner mit Show ab 65 €).
  Mesonero Romanos, 11 | Sol
  Ⓜ Callao | Tel. 915 32 33 22
  www.torresbermejas.com
- **Cardamomo** 🔖 D4
  Intimer Rahmen, Auftritte bis spät in die Nacht (Dinner mit Show 72 €).
  Echegaray, 5 | Letras
  Ⓜ Sol | Tel. 913 69 07 57
  www.cardamomo.es
- **Las Carboneras** 🔖 C4
  Professionelle Shows, darunter bekannte Größen, routinierte Darbietungen. Show mit Dinner 65 bis 78 € oder Show mit Getränk.
  Conde de Miranda, 1 | Austrias
  Ⓜ Ópera | Tel. 915 42 86 77
  www.tablaolascarboneras.com

Torero 🔖 D4
Disko im Retro-Look, Musik aus den 1970er-Jahren.
- Cruz, 26 | Letras | Ⓜ Sevilla
  www.discotecatorero.es

Galileo Galilei 🔖 C1
Buntes Kulturprogramm (Livemusik, Theater, Kabarett), mit Barbetrieb.
- Galileo, 100 | Chamberí | Ⓜ Argüelles
  www.salagalileogalilei.com

El Sol 🔖 D4
Interessante Musikbühne; unkonventionelles Programm.
- Jardines, 3 | Sol
  Ⓜ Gran Vía | www.salaelsol.com

Cafe La Palma 🔖 C3
Kneipe, Club und Disko.
- De La Palma, 62 | Conde Duque
  Ⓜ Noviciado
  www.cafelapalma.com

Gruta 77
Elektronische Musik, Afro und Reggae.
- Cuclillo, 6 | San Isidro
  Ⓜ Oporto | www.gruta77.com

BARS UND PUBS

Viva Madrid 🔖 D4
Ungeheuer populär bei den Madrilenen genauso wie bei Touristen, viel Patina und gute Laune.
- Manuel Fernández y González, 7
  Letras | Ⓜ Sol

Bar Cock 🔖 D4
Legendär seit Buñuel. Früher Bordell, heute Trend-Bar mit Marmorkamin, Säulen und hohen Decken; teuer.
- Reina, 16 | Sol | Ⓜ Gran Vía
  www.barcock.com

Chicote D4

Soll die Stammbar Hemingways gewesen sein. Gute Cocktails; die Einrichtung schafft einen musealen Rahmen.
- Gran Vía, 12 | Sol | Ⓜ Gran Vía
  www.museo-chicote.com

Villa Rosa D4

Azulejos-verzierte Musikbar und Tablao.
- Pl. de Santa Ana, 15 | Letras | Ⓜ Sol
  www.tablaoflamencovillarosa.com

Tupperware D3

Postmoderne Diskobar, im Psychedelic-Look.
- Corredera Alta de San Pablo, 26
  Chueca | Ⓜ Tribunal

El Búho Real C3

Der »königliche Uhu« bietet eine Bühne für junge Singer/Songwriter.
- Regueros, 5 | Chueca | Ⓜ Chueca
  Tel. 913 08 48 51 | www.buhoreal.org

SONSTIGE ATTRAKTIONEN

Chocolatería San Ginés C4

Der klassische Schlusspunkt: wunderbare *churros* und heiße Schokolade (rund um die Uhr). > mehr S. 14 Punkt ⑪
- Pasadizo de San Ginés, 5
  Austrias | Ⓜ Sol
  www.chocolateriasangines.com

Casino Gran Madrid

Roulette, Black Jack, Disko. 16–5 Uhr.
- A-6, km 29 | 28250 Torrelodones
  Shuttlebus ab Ⓜ Pl. de España
  www.casinogranmadrid.es

Hipódromo de la Zarzuela

Im Sommer werden nächtliche Pferderennen veranstaltet (Sa, So 22.30 bis 2 Uhr), *terrazas* und Livemusik.
- Avenida Padre Huidobro s/n
  A-6, km 8 | 28023 Madrid
  Shuttlebus ab Ⓜ Moncloa
  www.hipodromodelazarzuela.es

In der Casa Patas wird mit Leidenschaft Flamenco zelebriert

LAND & LEUTE

STECKBRIEF

- **Status:** Hauptstadt von Spanien sowie der Autonomen Region Madrid
- **Lage:** 650 m über dem Meer; Entfernung nach Barcelona 621 km, nach Sevilla 538 km
- **Fläche:** 7995 km² (Comunidad Autónoma), 606 km² (Stadtgebiet)
- **Einwohner:** 5,3 Mio. (11 % der spanischen Gesamtbevölkerung) leben in der Region; 3,2 Mio. im eigentlichen Stadtgebiet
- **Kultur:** 78 Museen, 80 Kunstgalerien, 48 Theater, 60 Kinos
- **Flughafen:** Barajas, rund 53 Mio. Passagiere pro Jahr
- **Tourismus:** 5,3 Mio. Gäste (2017), davon 60 % Geschäftsreisende.

Hotelbetten: 75 000, davon 60 % im 4- und 5-Sterne-Sektor; Hostales und Pensiones: ca. 1900 Betriebe
- **Landesvorwahl:** 00 34
- **Währung:** Euro
- **Zeitzone:** MEZ (mit Sommerzeit)

LAGE

Madrid liegt mitten in der Kastilischen Hochebene *(Meseta)* und damit im Zentrum Spaniens. Mit im Mittel 650 m ü. d. Meer ist Madrid (nach Andorra) Europas höchstgelegene Hauptstadt, durch deren Altstadt die Straßen in sanftem Auf und Ab verlaufen. Eine Art Terrasse bildet nur der Abhang über dem Río Manzanares, über dessen mickrige Erscheinung sich die Madrilenen gern mokieren: Der wasserarme Fluss sei von der chronischen Steinkrankheit, *mal de piedra*, befallen.

Zahlreiche Grünanlagen machen beinahe 50 % der Stadtfläche aus. Die vielen breiten, von Bäumen flankierten Boulevards und Straßen geben den neueren Stadtvierteln Madrids einen weitläufigen, fast luftigen Charakter.

STAAT UND POLITIK

Traditionell regiert das Staatsoberhaupt, König Felipe VI., im Palacio de la Zarzuela (Bosques del Pardo). In Madrid tagen beide Kammern des Parlamentes *(cortes generales):* Senat und Abgeordnetenhaus. Der Regierungschef, alle Ministerien und die oberste Gerichtsbarkeit haben im Moncloa-Viertel ihren Sitz.

Der einst streng zentralistische Staat hat sich zum pluralistischen gewandelt: Madrid ist Hauptstadt, jedoch als Region ist es nur eine von 17 Autonomiegemeinschaften (*Comunidades Autónomas*) mit eigener Regierung und eigenen Kompetenzen, z. B. in Erziehung, Kultur und Tourismus.

Madrid ist in 179 Gemeinden *(municipios)* gegliedert, von denen die kleinste (Madarcos/Sierra de Guadarrama) 33 und die größte (Stadt Madrid) 3,2 Mio. Einwohner zählt. Die Gemeinde Madrid selbst besteht aus 21 Bezirken.

Stärkste politische Kraft in Spanien war nach 2004 der PSOE (Partido Socialista Obrero Español) unter Ministerpräsident José Luis Zapatero, der den Konservativen José Maria Aznar ablöste. Zapatero, der als sanfter Reformer sehr beliebt war, konnte auch alte Tabuthemen wie Scheidungsrecht, Abtreibung, häusliche Gewalt und die Homo-Ehe angehen, ohne seine Anhänger zu vergraulen. Zapateros ewiger Widersacher vom konservativen PP (Partido Popular), Mariano Rajoy, übernahm 2011 nach vorgezogenen Neuwahlen den Posten des Ministerpräsidenten. Der eher spröde Technokrat setzte vor allem auf eine rigide Sparpolitik, was ihn viele Sympathien kostete.

Erstmals in der Geschichte Spaniens wurde im Juni 2018 der Madrider Sozialist Pedro Sánchez (geb. 1972) per Misstrauensvotum im Parlament neuer Ministerpräsident. Seine Minderheitenregierung unter Duldung durch die linksalternative Partei Podemos verfolgt eine progressive und pro-europäische Politik. 11 von 18 Kabinettsmitgliedern sind Frauen.

Auch in Madrid konnte die Kandidatin des Linksbündnisses aus PSOE und Podemos die PP ablösen:

Seit Juni 2015 ist die Richterin Manuela Carmena (geb. 1944) Chefin im Rathaus.

WIRTSCHAFT

Die spanische Hauptstadt erwirtschaftet 19 % des spanischen Bruttoinlandsprodukts. Der Dienstleistungssektor macht rund 74 % der Wirtschaftsleistung aus. Wichtig sind auch die Baubranche sowie Banken und Handel. Nach Jahren der Krise, verstärkt durch die Immobilienblase und Staatsüberschuldung nach 2008, scheint es in Spanien seit 2017 wirtschaftlich langsam wieder aufwärts zu gehen. Für 2018 wird ein Wachstum von 2,75 % gegenüber dem Vorjahr erwartet; die Arbeitslosenquote sinkt seit 2013 (26,1 %) beständig (15,5 % 2018).

Ein soziales Nord-Süd-Gefälle kennzeichnet die Stadt. Wer es sich noch leisten kann, lebt im Boutiquen-Viertel Salamanca, während sich Mittelschicht-Familien im nördlichen Umland im Reihenhäuschen *(chalé)* einrichten. In den Altbauten von Malasaña oder Lavapiés wohnt die untere Mittelklasse, aber auch Studenten und Neubürger aus Marokko oder Lateinamerika finden dort günstige Wohnungen. Allerdings mehren sich gerade in diesen Vierteln die Zwangsräumungen, da sich manche Familien Miete oder Hypothek nicht mehr leisten können. Sie sind *desahuciados*, »Vertriebene«, die mit Protestaktionen auf ihre verzweifelte Lage aufmerksam machen. Ein Problem ist heute zudem die Zweckentfremdung von Wohnraum für Touristen.

GESCHICHTE IM ÜBERBLICK

Frühzeit Bereits um 25 000 v. Chr. siedelten halbnomadische Ackerbauern in der Gegend von Madrid. Ab 900 v. Chr. vermischen sich in Zentralspanien die den nordafrikanischen Berbern verwandten Iberer mit keltischen Völkern aus dem Nordosten (»Keltiberer«). Weder unter römischer Herrschaft (50 v. Chr. bis 4. Jh. n. Chr.) noch während der westgotischen Ära (ca. 400–711 n. Chr.) ist eine größere Ortschaft an der Stelle des heutigen Madrid nachzuweisen. Die Westgoten wählen Toledo als Hauptstadt.

711 Beginn der arabisch-berberischen Invasion der Halbinsel bis zum Río Duero nördlich von Madrid; Córdoba wird die Hauptstadt des Maurenreichs.

852–886 Mohammed I. lässt zum Schutz Toledos an der Stelle des jetzigen Madrider Königspalastes eine Burg *(alcázar)* erbauen. Das ummauerte Burgdorf *(medina)* wird Majrit (»Stadt der vielen Wasser«) genannt.

9.–10. Jh. In Süd- und Zentralspanien führt die Herrschaft der religiös toleranten Mauren zu kulturellem und wirtschaftlichem Aufschwung; in den nördlichen Königreichen formiert sich hingegen zunehmend christlicher Widerstand.

1085 Nach der Aufsplitterung des maurischen Reiches in isolierte Fürstentümer wird Madrid durch Alfonso VI. von Kastilien-León eingenommen.

1109 Eine Belagerung Madrids durch Berberfürst Ali Ibn Jusuf scheitert, weil unter seinen Soldaten die Pest ausbricht.

1202 Alfonso VIII. spricht Madrid Sonderrechte *(fueros)* zu und erhebt das Dorf zum Marktflecken mit teilweiser Selbstverwaltung.

1309 Unter Fernando IV. tagt das kastilische Ständeparlament *(Cortes de Castilla)* in Madrid.

1346 Alfonso XI. setzt einen Stadtrat ein. Mehrere kastilische Könige residieren vorübergehend in Madrid.

1469 Die Ehe zwischen Isabella von Kastilien und Ferdinand von Aragón (die »Katholischen Könige«) vereinigt beide Königreiche.

1478 Die Inquisition wird eingeführt.

1492 Granada fällt als letzte maurische Bastion; eine systematische Judenverfolgung beginnt.

1516 Unter Carlos I. (als Karl V. deutscher Kaiser) expandiert das spanische Kolonialreich.

1561 Karls Sohn, Felipe II., verlegt seinen Hof von Toledo in das 3000-Seelen-Nest Majrit (Madrid), das so zur Hauptstadt aufsteigt. Die meisten Häuser sind aus Lehm gebaut.

1563 Baubeginn des Klosterpalastes El Escorial.

1609 Felipe III. verbannt die muslimische Bevölkerung und lässt auf der Plaza Mayor Verbrennungen vermeintlicher Ketzer (Autodafés) durchführen.

1700 Carlos II., der letzte spanische Habsburger, stirbt kinderlos. Der Spanische Erbfolgekrieg zwischen den österreichischen Habsburgern und den französischen Bourbonen endet 1713 mit dem Frieden von Utrecht. Regent wird Philipp von Anjou als Felipe V., der auch den neuen Madrider Königspalast bauen lässt.

1759–1788 Der Bourbone Carlos III. regiert als aufgeklärter Absolutist, der die Macht der Inquisition beschränkt und die Jesuiten ausweist. Das Stadtbild prägt er durch seinen Hang zum Neoklassizismus; er führt Kanalisation und Straßenbeleuchtung ein.

1808 Napoleon besetzt Spanien und setzt seinen Bruder Joseph als König ein. Am 2. Mai kostet ein Volksaufstand 1500 Einwohnern das Leben; die Rebellen werden am 3. Mai hingerichtet. Unabhängigkeitskrieg.

1814–1833 Fernando VII. stellt den Absolutismus wieder her.

1833–1876 Machtkämpfe zwischen Liberalen und Ultrakonservativen. Choleraepidemie in Madrid.

1851 Spaniens erste Eisenbahnstrecke zwischen Madrid und Aranjuez wird eröffnet.

1873 Ausrufung der Ersten Republik durch Diktator Emilio Castelar y Ripoll.

1874–1885 Unter König Alfonso XII. erhält Madrid das erste Telefonnetz und Straßenbahnen.

1898 Der Verlust der letzten Überseekolonien führt zu wirtschaftlicher Depression und sozialen Unruhen.

1921 Madrids Metro geht in Betrieb.

1923 Militärdiktatur unter General Primo de Rivera, geduldet vom König.

1931 Wahlsieg der Republikaner, Proklamierung der Zweiten Re-

Goyas berühmtes Bild »El dos de mayo de 1808 en Madrid« hängt im Prado

Spaniens König Felipe VI.

publik. König Alfonso XIII. geht ins Exil.

1936 Wahlsieg der linken Volksfront, aber die Gesellschaft ist extrem polarisiert. Putsch der nationalen Falangisten General Francos.

1936–1939 Der Spanische Bürgerkrieg fordert mind. 600 000 Opfer. Fast drei Jahre lang tobt die Schlacht um Madrid.

1939–1975 Diktatur Francos. Die Macht im Land üben Kirche, Militär und Großgrundbesitz aus.

1965–1973 Streiks und Studentenproteste in Madrid.

1975 Nach dem Tod des *Caudillo* wird Spanien zur parlamentarischen Demokratie mit König Juan Carlos I. als Staatsoberhaupt.

1976 »El País« erscheint in Madrid als erste unabhängige Tageszeitung.

1977 Der gemäßigte Konservative Adolfo Suárez wird erster frei gewählter Ministerpräsident.

1979–1986 In der Ära des sozialistischen Bürgermeisters Enrique Tierno Galván erlebt Madrid einen kulturellen Boom.

1981 Der Putschversuch eines Guardia-Civil-Offiziers scheitert.

1982 Die Sozialisten gewinnen die Parlamentswahlen; Beginn der Ära Felipe González, die 1996 endet.

1983 Madrid erhält den Status einer Autonomen Region.

1986 Vollmitgliedschaft Spaniens in der EG.

1992 Madrid ist Kulturhauptstadt Europas.

1996 Der konservative Partido Popular unter José Maria Aznar gewinnt die Parlamentswahlen.

2004 Wahlsieg der Sozialisten unter José Luis Zapatero drei Tage nach den Terroranschlägen am 11. März mit 192 Opfern.

2006 Bombenanschlag der ETA auf den Madrider Flughafen – das Ende der Waffenruhe, die die baskischen Separatisten nur neun Monate zuvor proklamiert hatten.

Seit 2008 Tiefgreifende Wirtschaftskrise durch Staatsverschuldung und 25 % Arbeitslosigkeit.

2012–2014 Teils gewalttätige Straßenproteste gegen Monarchie und Sparmaßnahmen.

2014 König Juan Carlos I. dankt am 2. Juni ab, am 19. Juni wird Felipe VI. König von Spanien.

2011 Madrid erklärt das Unabhängigkeitsreferendum in Katalonien für ungültig; der katalanische Premier Puigdemont flieht ins Ausland.

2018 Der Sozialist Pedro Sánchez löst Mariano Rajoy als Ministerpräsident ab.

DIE MENSCHEN

Lo que menos hay en Madrid son madrileños, »Was es in Madrid am wenigsten gibt, sind Madrilenen«, sagen die Hauptstädter.

Den größten Zuwachs erfuhr Madrid, als Francos Industrialisierungsplan viele Arbeitskräfte in den Provinzen freisetzte. Von 1950 bis 1970 verdoppelte sich die Einwohnerzahl der *Comunidad* von 1,9 auf 4,8 Mio. Eine gegenläufige Tendenz machte sich in den 1990er-Jahren bemerkbar: Junge Familien kehren dem Verkehrschaos und den hohen Mieten den Rücken und ziehen ins Umland. Dadurch wächst Madrid als Großraum kräftig, während die Gemeinde Madrid an Bevölkerung verliert.

Zu ihrer zweiten Heimat machten Madrid auch viele Immigranten aus Lateinamerika, der Karibik und Afrika. Mindestens 130 000 Ausländer wohnen in der Stadt, etwa 30 000 davon illegal. So wie Spanier aus allen Landesteilen ihre Küche, Feste und Bräuche mitbrachten, bereichern inzwischen auch die Einwanderer die Kultur. Wer sich in der aktuellen Musikszene umhört, trifft auf viele Latinos: Kubanische Salsa, kolumbianische Cumbia, Merengue aus der Dominikanischen Republik und Tango vom Río de la Plata gehören längst zum Repertoire der Klubs. Eine ebenso bedeutende Minderheit sind die Zigeuner *(gitanos),* die heute vorwiegend ortsansässig leben.

Wie überall in Spanien, hat sich auch in der Madrider Gesellschaft seit der *transición,* dem Übergang zur Demokratie, viel geändert. So liegt die

Reger Verkehr – zu Fuß und mit dem Auto – auf den Straßen Madrids

Geburtenrate derzeit kaum noch höher als in Deutschland. Im Schwinden begriffen ist auch der Einfluss der früher allmächtigen Kirche. Zwar gehören noch 96 % der Bevölkerung der katholischen Konfession an, aber nur noch ein Drittel der Gläubigen bezeichnet sich als regelmäßige Kirchgänger.

Einen bemerkenswerten Wandel erfuhr auch die traditionelle Rolle der Frau nach 1975. Zu Francos Zeiten durften Ehefrauen ohne Einwilligung ihres Gatten noch nicht einmal ein Bankkonto eröffnen, geschweige denn selbst Geld verdienen; heute beträgt der Frauenanteil an Führungskräften schon fast ein Drittel.

Über das eigentliche Wesen der Madrider Volksseele wird viel spekuliert, auch von den Madrilenen selbst. Sie seien »ein Haufen einfallsreicher Menschen, die das große Wunder zu leben vollbringen und wissen, dass der Witz etwas sehr Ernstes ist«, orakelte etwa Ramón Gómez de la Serna (1888 bis 1963), als Schriftsteller ein passionierter Beobachter seiner Mitmenschen.

💬 FLUCHEN WIE DIE KATZEN

Das alte Kastilien als Herz Spaniens, Madrid als seine Kapitale – wo sonst sollten die Hüter des *Castellano,* der Sprache Cervantes', über Wortschatz und Grammatik wachen? Die Real Academia Española de la Lengua will bis zum Jahr 2025 das vollständige Wörterbuch vorlegen. Die Frage ist nur: Was passiert in der Zwischenzeit? Neue Töne schlägt die Jugend an. Ihr *cheli,* die Umgangssprache der Szene, steckt voller Neuschöpfungen: So wissen nur echte *gatos* (»Katzen«, geborene Madrilenen), wo die günstigste *birra* (Bier, statt korrekt *cerveza*) gezapft wird, oder wo man in Ruhe die *litrona* (1-Liter-Flasche) in der Runde netter *tías* (»Tanten«) und *tíos* (»Onkels«) kreisen lassen kann. Aber nicht alle *gatos* sind *colegas* (gute Freunde), man grenzt sich ab. *Pijos* und *pijas* heißen die »feinen Pinkel« in den Nobeldiskos; die *horteras* (»Schnösel«) wären gern genauso schick, doch ihre *pasta* (Geld) reicht nur für Massenware aus dem Kaufhaus. Kaputten Typen, *pasotas* (von *pasarse de todo,* »sich für nichts interessieren«), ist sowieso alles egal, während *progres* (»Alternative«) keine *mani* (von manifestación, »Demonstration«) auslassen. Kraftausdrücke, die Mitteleuropäern die Schamröte ins Gesicht treiben, gehen Spaniern leicht von den Lippen. *¡Joder!* (Kurzform *¡Jo!*) kann Überraschung, Empörung oder Freude artikulieren, ist jedoch eine unfeine Bezeichnung für Geschlechtsverkehr. Eine der gebräuchlichsten Formeln dürfte *¡coño!* sein. Der Vulgärbegriff für das weibliche Genital verstärkt als Satzanhängsel die Bedeutung des Gesagten. Von den Hoden *(cojones)* leitet sich *cojonudo* ab, ein Begeisterung ausdrückendes Adjektiv. Camilo José Cela sammelte im Diccionario Secreto die wichtigsten spanischen Flüche. Wie ein echter Madrilene reagierte er denn auch 1989, als er von seiner Nominierung für den Nobelpreis erfuhr: *¡Por fin, coño!* »Na endlich, ... !«

KUNST & KULTUR

ARCHITEKTUR

Im Gegensatz zu den meisten kastilischen Städten dominieren in Madrid nicht etwa Kirchen und Klöster, sondern Paläste, Repräsentations- und Zweckbauten mit unübersehbarer Tendenz zum Monumentalen. Romanik und Gotik, andernorts in Spanien feste Größen im Stadtbild, sind hier nicht präsent – kein Wunder, begann doch die Hauptstadtkarriere erst 1561 mit dem Entschluss Felipes II., seinen Hof am Río Manzanares zu etablieren. An arabische Zeiten erinnern nur noch einige Details im Maurenviertel *(morería)*, so etwa der Turm der Kirche San Pedro el Viejo (14. Jh.) oder die für den islamisch-romanischen Mudéjarstil typischen Hufeisenbögen an der Casa y Torre de los Lujanes aus dem 15. Jh. › **S. 74.**

Stilbildend für das Madrid de los Austrias, das Madrid der Habsburger, war die von Italien ausgehende Renaissance. Eine asketisch-strenge Interpretation ihrer Ideale stellt die Klosterresidenz El Escorial 49 km nordwestlich der Stadt dar, in der der Gegenreformator Felipe II. seiner Auffassung von Staats- und Kirchenmacht Gestalt gab. Nach dem Architekten Juan de Herrera (1530–1597) wird eine solche schmucklose Bauweise als Herrera-Stil bezeichnet. Die emblematischen Ecktürme des Escorial findet man an vielen Gebäuden der Innenstadt wieder, z. B. am Rathaus und an den Arkadenhäusern der Plaza Mayor.

Wichtigster Vertreter des Madrider Hochbarock ist der Stadtbaumeister Pedro de Ribera (1683–1742), der z. B. den Puente de Toledo und das opulent dekorierte Portal des Museo Municipal schuf. Auch José Benito Churriguera (1665–1725), der für die typisch spanische Überfülle an barocker Ornamentik steht *(Churriguerismo)*, war in Madrid tätig.

Das Eckhaus Edificio Metrópolis von 1905 an der Gran Vía krönt eine Siegesgöttin

Nach 1880 wurde aufgrund des Bevölkerungswachstums die systematische Stadterweiterung *(ensanche)* nach Norden hin notwendig. Charakteristisch für diese Phase sind die stolzen Bürgerhäuser der schachbrettartig angelegten Viertel Chamberí und Salamanca.

MODERNE ARCHITEKTUR

- **Torre Cepsa**
  Der 259,5 m hohe Büroturm (bis 2013: Torre Caja Madrid) von Norman Foster ist einer der vier Wolkenkratzer der Cuatro Torres Business Area und das höchste Gebäude Spaniens > S. 130.
  Castilla | Ⓜ Begoña
- **Torres KIO**
  (Puerta de Europa)
  Die beiden um 15° geneigten Türme von Philip Johnson und John Burgee zählen zu den Wahrzeichen der Stadt > S. 130.
  Plaza de Castilla | Nueva España
  Ⓜ Plaza de Castilla
- **Flughafen Barajas**
  2006 erhielt Richard Rogers den Stirling Prize (»Architektur-Oscar«) für das ultramoderne und farbenfrohe Terminal 4 des Madrider Flughafens.
- **CaixaForum** ▌E5
  Die stilsichere Umwandlung vom Elektrizitätswerk zum Kulturzentrum gelang 2007 den Schweizer Architekten Pierre de Meuron und Jacques Herzog > S. 140.
  Paseo del Prado, 36 | Ⓜ Atocha
- **Hotel Silken Puerta América**
  Das 2005 von Jean Nouvel erbaute Hotel besticht durch sein Innenleben, das 18 Architekten und Designer, u. a. Norman Foster, Arata Isozaki und David Chipperfield individuell gestalteten.
  Av. América, 41 | Prosperidad
  www.hoteles-silken.com

Um mit den Metropolen Europas mithalten zu können, ließen die Stadtoberen ab 1910 einen Prachtboulevard, die Gran Vía, quer durch die Altstadt legen. Dort und an der Calle de Alcalá entstanden mächtige Geschäftshäuser und Behördensitze teils im Stil früher amerikanischer Wolkenkratzer, teils mit Anleihen beim Klassizismus oder mit Art-déco-Anklängen.

Nach dem Spanischen Bürgerkrieg, der vor allem in der östlichen Innenstadt schlimme Narben hinterließ, versuchte das totalitäre Franco-Regime mittels protziger Prestigebauten an der Plaza de España aufzutrumpfen (ab 1947).

METROPOLE DER MALEREI

Angezogen von königlichen Geldgebern und anderen Mäzenen lebten und arbeiteten in Madrid seit dem 16. Jh. viele Künstler von Weltrang. Die erste Glanzzeit spanischer Malerei fällt zusammen mit dem Siglo de Oro, der Blütezeit des 16.–17. Jhs., als die aus der Neuen Welt erbeuteten Reichtümer eine enorme Prachtentfaltung ermöglichten.

Den Auftakt bildet das Œuvre von Domenikos Theotokopoulos, genannt El Greco (1541–1614). Geboren auf Kreta und ausgebildet von Tizian in Venedig, entwickelte er eine völlig eigene Farb- und Formensprache. Seine Bilder verbinden byzantinische Ikonenmalerei und venezianischen Manierismus mit der katholischern Inbrunst der Gegenreformation. Typisch für El Greco, der vorwiegend in Toledo tätig war, sind die lang gezogenen Gesichter und Körper sowie der entrückte Ausdruck seiner Protagonisten. Weil der verschlossene »Schreibtischkönig« Felipe II. zu jenem expressiven Stil nie Zugang fand, blieb El Greco der große Erfolg bei Hofe versagt.

VELÁZQUEZ

Aus Sevilla stammte Diego Velázquez de Silva (1599–1660), eine der herausragendsten Persönlichkeiten der Malerei. Geprägt von Lehrern der Sevillaner Schule, malte er zunächst im damals verbreiteten mystisch-religiösen Hell-Dunkel-Stil, dessen starke Licht- und Schattenkontraste vom italienischen Meister Caravaggio beeinflusst waren. 1623 holte ein Höfling Felipes IV. das junge Talent nach Madrid. Zweimal bereiste Velázquez Italien, um seine Kunst zu perfektionieren. Unerreicht bleibt seine Gabe, Situationen und Menschen visuell zu erfassen. Als Höhepunkt seines Schaffens gilt das höfische Gruppenbild »Las Meninas«, 1957 von Picasso auf seine Weise variiert.

GOYA

Alle Kategorien sprengt Francisco de Goya y Lucientes (1746–1828). Der Bauernsohn aus Fuendetodos in der tiefsten aragonesischen Provinz war bereits als 17-Jähriger bei seinem späteren Schwager, dem Hofmaler Francisco Bayeu in Madrid angestellt. Ab 1776 schuf Goya farbenfrohe Kartons (Entwürfe für Teppiche) in Rokokomanier für die Königliche Manufaktur › S. 142. Erfolge in Adelskreisen brachten ihm das ersehnte Hofamt ein: 1786 wurde er »Maler des Königs«, 1799 Erster Hofmaler unter Carlos IV.

Ideell der Aufklärung verbunden, lebte Goya in ständigem Zwiespalt zwischen Anpassung, versteckter Rebellion und Zynismus gegenüber seinen Auftraggebern. Seine Porträts von gekrönten Häuptern, Klerikern und Hofschranzen entlarven die Mächtigen als dummdreiste Parasiten, z. B. »Die Familie Karls IV.« › S. 137. Unter dem Eindruck des Unabhängigkeitskrieges wandte sich Goya sozialen und fantastischen sowie grotesken Themen zu. Radierzyklen wie die »Desastres de la Guerra« und die furchterregenden »Pinturas negras« weisen in Form und Inhalt weit über das 18. Jh. hinaus.

Goyas »Nackte Maja« im Prado

PICASSO UND DIE SPANISCHE MODERNE

Pablo Picasso (1881–1973), geboren in Málaga, verbrachte nur wenige Monate in Madrid. Sein Schlüsselwerk »Guernica« (1937) kehrte auf seinen Wunsch erst nach dem Ende der Diktatur nach Spanien zurück › S. 141. Darüber hinaus sind im Centro de Arte Reina Sofía weitere Künstler der spanischen Moderne vertreten, u. a. der Expressionist José Gutiérrez Solana (1886–1945), Salvador Dalí, Joan Miró und Antoni Tàpies.

LITERATUR: VON CERVANTES BIS CELA

Auch für die Literatur war das Siglo de Oro ein goldenes Zeitalter. Miguel de Cervantes y Saavedra (1547–1616) aus Alcalá de Henares nahm zunächst als Soldat an der Seeschlacht von Lepanto teil, wo seine linke Hand verstümmelt wurde. Danach verschleppten ihn algerische Piraten für fünf Jahre, bevor er, vom kastilischen Heroismus geheilt, nach Madrid zurückkehrte. Seinen »Ritter von der traurigen Gestalt«, Don Quijote de la Mancha (1605), konzipierte er als ironische Spiegelung des anachronistischen Heldenideals: Auf dem klapprigen Gaul Rosinante, begleitet von seinem pragmatischen Gegenpart Sancho Pansa, zieht der träumerische Landadelige in den vergeblichen Krieg gegen die Windmühlen.

Wie am Fließband produzierten die Madrider Dramatiker Félix Lope de Vega (1562–1635) und Pedro Calderón de la Barca (1600–1681) Klassiker des spanischen Theaters; in den Mittelpunkt ihres Schaffens stellten sie dabei christliche Ethik und die Frage der Gerechtigkeit im Absolutismus. Tirso de Molina (1584–1648) führte die unsterbliche Figur des Don Juan in die Literatur ein; Francisco de Quevedo (1580–1645) schrieb mit »Das Leben des Buscón« den erfolgreichsten Schelmenroman seiner Zeit.

Piccassos »Guernica« ist im Centro de Arte Reina Sofía zu bestaunen

VOM 19. JAHRHUNDERT ZUR GEGENWART

Ende des 19. Jhs. stürzten die Restauration der Monarchie und der Verlust der letzten Überseekolonien Spanien in eine tiefe Verunsicherung. Die geistige Neuorientierung wollte die desillusionierte *Generación de 1898* einleiten. Zu diesem Kreis von Intellektuellen, der sich in Madrid formierte, werden u. a. der Romancier Pío Baroja (1872–1956) gerechnet, der Dichter Antonio Machado (1875–1939) sowie der Dramatiker Ramón María del Valle-Inclán (1869–1936). Der Philosoph José Ortega y Gasset (1883–1955) gründete die heute noch erscheinende Kulturzeitschrift »Revista del Occidente«. Ramón Gómez de la

Federico García Lorca auf der Plaza de Santa Ana mit Friedenssymbol

Serna (1888–1963) tat sich als origineller Feuilletonist hervor (»Madrid. Spaziergänge«, Wagenbach 1992).

In den 1920er-Jahren sorgte die avantgardistische Generación de 1927 um den Andalusier Federico García Lorca (1898–1936) für frischen Wind; die Surrealisten Luis Buñuel und Salvador Dalí schockten das bürgerliche Publikum mit provokanten Texten und Filmen (»Ein andalusischer Hund«).

Die Franco-Diktatur nahm der Kunst die Freiheit, die meisten Schriftsteller flohen ins Exil. Camilo José Cela (1916–2002), dessen Großstadtroman »Der Bienenkorb« Momentaufnahmen des Madrider Alltags von 1942 schildert, erhielt 1989 den Nobelpreis.

Von der internationalen Kritik hoch gelobt wurde **Javier Marías** (geb. 1951) für sein vielschichtiges Schuld-und-Sühne-Epos »Mein Herz so weiß« (Klett-Cotta 1996) und für »Die sterblich Verliebten« (Hanser 2012). **Rafael Chirbes** (geb. 1949) Roman »Am Ufer« (Kunstmann, 2014) beschreibt den Zustand der spanischen Gesellschaft in Zeiten der Wirtschaftskrise. **Oscar Urra** (geb. 1970) ist einer der originellsten jüngeren spanischen Autoren. Sein Madrider Privatdetektiv Julio Cabria ermittelt in »Poker mit Pandora« (2011) und »Harlekin sticht« (2013, Unionsverlag Zürich). **Almudena Grandes** (geb. 1960) erzählt in »Luftschlösser« (Rowohlt, 2007) die Geschichte einer Dreierbeziehung inmitten der Aufbruchstimmung der Madrider Movida-Szene der 1980er-Jahre. Ihre Romane »Das gefrorene Herz« (Rowohlt, 2009) und »Der Feind meines Vaters« (Hanser, 2012), sind eine Auseinandersetzung mit dem Leben zur Zeit des Franco-Regimes.

Der Flamenco hat eine lebendige Tradition

TANZ: FLAMENCO, CHOTIS UND ZARZUELA

Der Zusammensetzung ihrer Bevölkerung nach kann Madrid als eine der größten andalusischen Städte gelten. Kein Wunder also, dass der **Flamenco** auch in der Hauptstadt gepflegt wird. Die Herkunft dieser Musikform liegt im Dunkeln; wahrscheinlich sind sowohl berberische als auch jüdische Einflüsse sowie solche der Zigeuner.

Als reinster Gesangsstil gilt der innige **Cante jondo.** Seine schlichten Verse kreisen um unerfüllte Liebe, Tod, Schuld und das Schicksal geborener Verlierer am Rande der Gesellschaft. Beim Vortrag werden die Sänger durch rhythmisches Klatschen und Zurufe aus dem Publikum angefeuert. Gitarre, Tanz und bunte Kostüme kamen erst im 19. Jh. hinzu; in den Showlokalen *(tablaos)* gehören sie zum Standard.

Ein Madrider Genre ist die **Zarzuela,** ein nach dem königlichen Lustschloss benanntes Singspiel. Calderón de la Barca lieferte die ersten literarischen Vorlagen; vorzugsweise wurden mythologische und heroische Stoffe in höfischen Aufführungen inszeniert. Im 19. Jh. erlebte das operettenhafte Musiktheater, in dem sich Gesang und Dialog abwechseln, eine Renaissance. Tondichter wie Pascual Arrietas (1820–1891; »Marina«), Francisco Asenjo Barbieri (1823–1894; »El Barberillo de Lavapiés«) und José Serrano (1873–1941; »Alma de Dios«) füllten die Opernhäuser mit ihren folkloristisch angehauchten Stücken, in denen es von Madrider Volkstypen wie den gockelhaften Manolos und koketten Manolas › S. 109 nur so wimmelt. Auch heute findet die oft belächelte Zarzuela ihr Publikum: Im Madrider Kultursommer etwa zieht die Freiluftbühne in Lavapiés › S. 108 zahlreiche Zuschauer an. Im Musiktheater Teatro de la Zarzuela › S. 44 wird die klassische Zarzuela in der Spielzeit Oktober bis Dezember aufgeführt.

Erst durch die Zarzuela fand auch die heimliche Hymne Madrids Verbreitung: Der **Chotis,** die Schottische Polka, gelangte als Modetanz im 19. Jh. über Paris nach Spanien. An »Madrid, Madrid, Madrid« von Agustín Lara (1897–1970) kommt bei Volksfesten eigentlich niemand vorbei.

SPANIENS HOLLYWOOD

Spaniens bedeutendste Filmstadt ist Madrid: nicht nur wegen der Studio-stadt Ciudad de la Imagen im Vorort Pozuelos. Mehrere Regisseure und Schauspieler (u. a. Antonio Banderas, Victoria Abril, Penélope Cruz) wurden auch im Ausland bekannt. Carlos Saura (»Carmen«, 1986) und Manuel Gutiérrez Aragón (»Dämonen im Garten«, 1982) stehen u. a. für die Überwindung des Franco-Regimes und die Erneuerung des Mediums. Autodidakt Pedro Almodóvar hat in burlesken, schrillen Komödien das Lebensgefühl dieser Zeit auf Zelluloid gebannt (»La Mala Educación«, 2004; »Volver«, 2006; »Fliegende Liebende«, 2013). Für sein Melodram »Alles über meine Mutter« erhielt er 2000 einen Oscar. Äußerst erfolgreich ist auch Alejandro Amenábar, der 1997 mit »Öffne die Augen« die Vorlage für den Hollywood-

---

📺 STIERKAMPF IN DER KRISE?

Paradox, aber wahr: Neuere Umfragen belegen, dass sich nur noch rund ein Drittel der Spanier für die traditionelle *Fiesta Nacional* interessiert, bei den jungen Leuten unter 25 Jahren sind es sogar nur noch 18 Prozent. Noch sind die Besucherzahlen stabil – wenn auch diese Art der Freizeitbeschäftigung vor allem unter Rentnern und in nationalistischen Kreisen beliebt zu sein scheint. Rund 200 Stierkämpfe finden jährlich statt, bei denen gut 10 000 Tiere je Saison den »Tod am Nachmittag« sterben. Erfolgreiche Toreros wie Enrique Ponce oder José Tomás verdienen sechsstellige Gagen und sind regelrechte Kultstars, die in TV-Talkshows auftreten und bunte Homestories für die Regenbogenpresse liefern.

Aficionados alter Schule wie der Stierkampfkritiker von El País, Antonio Lorca, beklagen dagegen den Verfall der hohen Kunst des Stierkampfes zur blutigen Realityshow und »Turistada«, zur Touristenattraktion. So werde, um die Fassade zu wahren, geschönt und frisiert, wo es nur geht. Hörner würden abgefeilt, Stiere mit Tranquilizern und Anabolika gedopt, sodass sie immer dickere Muskeln, aber immer weniger Lust zum Kämpfen entwickeln, und die Toreros würden von einstigen Künstlern zusehends umgeschult auf effekt- und modebewusste Sportmetzger.

Fundamentalkritik kommt zusätzlich von der Bewegung »Anti-Taurina«, die den Stierkampf als archaisches Relikt aus finsterer Vorzeit betrachtet, das aggressionsfördernd auf Kinder und Jugendliche wirke.

Die katalanische Regionalregierung verbot die Corrida zum 1. Januar 2012 offiziell. Allerdings spielte der Stierkampf in Katalonien noch nie eine so bedeutende Rolle wie in Südspanien. Pro oder contra, fest steht, dass der Stierkampf vor allem eines ist: ein riesiges Geschäft. Die Branche beschäftigt in Zuchtbetrieben und Verbänden rund 150 000 Menschen und setzt pro Jahr 1,5 Milliarden Euro um.

Kassenschlager »Vanilla Sky« lieferte. 2001 drehte er den subtilen Horror-streifen »The Others« mit Nicole Kidman. 2004 erschien »Das Meer in mir«, die Geschichte eines Querschnittsgelähmten (Javier Bardém), der den Freitod sucht. Die Krimi-Serie »Haus des Geldes« (span. »La Casa de Papel«) sorgte beim Streaming-Anbieter Netflix 2017/2018 für einen Überraschungserfolg; weitere spanische Serien sollen folgen.

FESTE & VERANSTALTUNGEN

Die Wahrscheinlichkeit ist hoch, bei einem Madrid-Besuch ein Musikfestival, eine bedeutende Messe, ein Volksfest, eine Stadtteilparty zu erleben oder eine interessante Ausstellung zu sehen – irgendetwas ist einfach immer los in Spaniens Hauptstadt.

Zu den Höhepunkten zählen die Feria de San Isidro im Mai, ein Volksfest mit Umzügen, Folklore und Stierkampf. Gratis-Pop, Freiluftkino und Theater gibt es während der Sommermonate im Verano de la Villa; »Hochkultur« bietet das Festival de Otoño. Am besten gleicht man seine Reisedaten unter www.esmadrid.com (Suchbegriff: »calendario cultural«) ab – so verpasst man garantiert nichts.

Umzug beim Stadtfest zu Ehren von San Isidro

FESTKALENDER

5. Januar: Umzug der Heiligen Drei Könige *(Cabalgata de Reyes Magos)*.

Februar: Auf dem **Festival Bankia Flamenco** sind hochkarätige Stars an verschiedenen Schauplätzen der Stadt zu erleben.

Die **Feria Internacional de Arte Contemporáneo** (ARCO) ist eine der bedeutendsten Messen für zeitgenössische Kunst (www.arco.ifema.es).

Karneval: Zur Karnevalszeit finden Maskenbälle statt; die **Beerdigung der Sardine** *(entierro de la sardina)* im Park Casa de Campo beschließt die tollen Tage.

Karwoche (Semana Santa): Feierliche Prozessionen ziehen an Gründonnerstag und Karfreitag durch die Stadt.

Prozession in der Karwoche

April/Mai: Festimad – Open-Air-Festival mit aktueller spanischer und internationaler Independent-Rockmusik (Programm unter www.festimad.es).

2. Mai: Zum Gedenken an den **Volksaufstand gegen Napoleons Truppen** von 1808 finden Feierlichkeiten an der Plaza del Dos de Mayo statt.

8.–15. Mai: Feria de San Isidro – Zur Festwoche zu Ehren des Stadtpatrons gibt es **Konzerte und Volksfeste** in der Altstadt und eine **Wallfahrt** zur Einsiedelei des Heiligen. > mehr S. 12 Punkt ❻ Dies ist gleichzeitig der Höhepunkt der **Stierkampfsaison.**

Juni: Den ganzen Monat treten beim Festival **Suma Flamenca** Spaniens beste Flamenco-Interpreten auf verschiedenen Bühnen in Madrid und Umgebung auf (www.madrid.org/sumaflamenca). > mehr S. 12 Punkt ❹

24. Juni: Die **Johannisnacht** wird mit einem großen Feuerwerk im Retiro-Park begangen.

Juni/Juli: Die **PHotoEspaña** ist eines der größten Fotokunst-Events der Welt mit zahlreichen Ausstellungen überall in der Stadt (www.phe.es).

Ende Juni bis Mitte September: Der **Kultursommer** *(Veranos de la Villa)* bietet vielfältige Freiluftkonzerte, Film-, Theater- und Tanzvorführungen an verschiedenen Schauplätzen der Stadt (www.veranosdelavilla.com).

Mitte Juli: Stadtteilfest Virgen del Carmen im Chamberí-Viertel.

7.–15. August: Turbulente **Altstadtfeste** werden in Lavapiés und La Latina, u. a. mit Umzügen in historischen Kostümen, gefeiert *(Fiestas de San Cayetano y San Lorenzo, Fiesta de la Paloma).*

10. September: Fest der **Virgen del Puerto,** volkstümlich »Melonenjungfrau«, im Park Campo del Moro.

Ab Oktober: Zum **Festival de Otoño a Primavera** gibt es hochkarätige Gastspiele internationaler moderner Theaterensembles und Tanzgruppen (www.madrid.org/fo).

9. November: Fest zu Ehren der Stadtpatronin **Virgen de la Almudena.**

Nochevieja: Zahlreiche Madrilenen feiern den Jahreswechsel an der Puerta del Sol.

Ein Ensemble von arkadengesäumten Renaissance-Bauten umschließt die Plaza Mayor

TOUREN &
SEHENSWERTES

MADRIDS ALTSTADT

Café vor dem Mercado de San Miguel

Ein geschichtsträchtiger Streifzug führt durch das älteste Viertel der Stadt, die Morería. Klöster, Paläste und Parkanlagen machen das Zusammenspiel von Macht, Religion und Kunst deutlich. Ein schönes Platzgeviert bildet die Plaza Mayor.

An die arabische Zivilisation erinnert in der Morería, dem »maurischen Viertel«, zwar nicht mehr viel, eine Zeitreise durch die Geschichte ist der Spaziergang durch den ältesten Bezirk Madrids dennoch: Enge Gassen und fast dörflich stille Plätze tragen noch die Namen längst ausgestorbener Zünfte und bäuerlicher Märkte.

Architektonisches Herzstück des Madrid de los Austrias, des habsburgischen Madrid, bildet die klassisch-schöne Plaza Mayor, während an der quirligen Puerta del Sol nicht nur die städtischen Metrolinien, sondern auch alle Straßen Spaniens zusammengeführt werden.

Verlaufen kann man sich in der kleinen Keimzelle Madrids kaum; man bewegt sich etwa im südlichen Dreieck zwischen Puerta del Sol, Königspalast und der markanten Barockkirche San Francisco el Grande. Eine ideale Pause während der Tour wäre die Einkehr in einem der altkastilischen Restaurants entlang der Cavas, der einstigen Festungsgräben des Mittelalters.

Nach der Siesta führt die zweite Altstadt-Tour von der Puerta del Sol nach Norden – von den Habsburgern zu den Bourbonen. Wie sehr in der Geschichte Spaniens stets Macht, Religion und Kunst miteinander verflochten waren, wird in den königlichen Klöstern deutlich; hier fanden uneheliche Habsburgertöchter eine standesgemäße Bleibe. Zahllose Kunstwerke häuften die Bourbonen im Palacio Real an, ebenso der feinsinnige Marqués de Cerralbo in seinem Privatpalais.

An der Plaza de España künden Spaniens erste Wolkenkratzer vom Größenwahn des Generalísimo Franco – hinter dem Rücken von Don Quijote und Sancho Pansa. Liebhaber der Kunst Goyas sollten sich den Abstecher zur Ermita de San Antonio vormerken.

Barocke Prachtkuppel der Basílica de San Francisco el Grande

TOUREN IN DER ALTSTADT

TOUR
1

MORERÍA / MADRID DE LOS AUSTRIAS

VERLAUF: Puerta del Sol > Plaza Mayor > Plaza de la Villa > Plaza San Andrés > Plaza de la Paja > Basílica San Franciso el Grande > Cava Baja > Plaza del Conde de Barajas > Plaza Mayor

KARTE: Seite 72
DAUER: 2–3 Stunden zu Fuß
PRAKTISCHE HINWEISE:
- Start- und Endpunkt ist Puerta del Sol (Ⓜ Sol).
- Am besten nimmt man sich für den Rundgang durch Morería und Habsburger-Madrid einen Vormittag lang Zeit. Dann sind die Geschäfte und Cafés geöffnet und man kann die meisten Kirchen und Museen besuchen.

TOUR-START:
PUERTA DEL SOL ⭐ ▮ C4
Der Platz ist der vitale Mittelpunkt von Alt-Madrid. Der Name geht auf ein Stadttor mit Sonnenemblem zurück, das einst den östlichen Zugang zur historischen Altstadt bildete. Das verkehrsreiche Halbrund, gesäumt von klassizistischen Fassaden aus dem 19. Jh., hat zahlreiche nationale Dramen miterlebt: die

blutige Rebellion am 2. Mai 1808 gegen Napoleon, das Attentat auf Ministerpräsident Méndez im Jahr 1912, die Ausrufung der Republik 1931 sowie die Machtübernahme Francos 1939.

Das Gebäude an der Südseite, die 1768 erbaute **Casa de Correos** ▮ **1** ▮ C4, diente anfangs als Hauptpost, später als Innenministerium; unter Franco barg es als Sitz der Staatssicherheit sogar einen Folterkeller. Heute residiert hier die Regionalregierung der Comunidad de Madrid.

Auf den schmucken Uhrturm von 1865, der 1996 wegen Holzwurmbefalls erneuert werden musste, blickt ganz Spanien mindestens einmal im Jahr: An Silvester versuchen Millionen von Fernsehzuschauern im Takt des Zwölf-Uhr-Schlagens zwölf Weintrauben *(uvas de la suerte)* zu verspeisen, um im neuen Jahr Glück zu erlangen.

In den Bordstein vor dem Bau eingelassen, markiert eine Plakette den Kilometer Null aller spanischen Nationalstraßen.

Drei prominente Statuen schmücken Mitte und Nordseite der Puerta del Sol. Das Reiterstandbild stellt Carlos III. dar, dem die Madrilenen so bedeutende Bauten wie den Prado oder die Puerta de Alcalá verdanken. La Mariblanca heißt die Kopie der anmutigen Venusfigur, die einmal über einem barocken Springbrunnen thronte. 1967 wurde das zottelige Wappentier der Stadt an der Calle de Alcalá mit einem

Denkmal bedacht: Eine Bronzebärin streckt sich nach den Früchten des wilden Erdbeerbaums › S. 11. Die Leuchtreklame für die Sherrymarke Tío Pepe hat den Rang eines Wahrzeichens und schützenswerten Kulturgutes und schmückt nach zeitweiligem Abbau seit 2014 wieder den Platz auf Haus Nr. 11 › S. 11.

ZWISCHENSTOPP: CAFÉ

La Mallorquina C4

Der 1. Stock der Traditionskonditorei bietet den angenehmsten Logenplatz mit Sicht auf das Treiben am Platz.
• Puerta del Sol, 8 | Ⓜ Sol

PLAZA MAYOR ⭐ 🏛 C4

Gesäumt von zahlreichen alteingesessenen Geschäften führt die Calle Mayor nach Westen. Entweder über Calle Esparteros (»Straße der Korbflechter«) und Calle Postas oder durch eine der Passagen linker Hand gelangt man sehr rasch auf die Plaza Mayor.

Architektonisch ist das Ensemble des vielleicht schönsten Platzes Zentralspaniens ein echtes Kind der spanischen Renaissance: Durch seine Geschlossenheit und die einheitliche Geschosshöhe aller Häuser strahlt der Platz eine Art nüchterne Eleganz aus.

Die Spitztürme am ältesten Gebäude, der **Casa de la Panadería** (1672), sind eine Reminiszenz an den Klosterpalast El Escorial. Vom Balkon des früheren Bäckerhauses, der das königliche Wappen trägt, genossen die Habsburger bei großen Anlässen den Königsblick auf

---

💬 PLAZA MAYOR – DER PLATZ ALLER PLÄTZE

Von Andalusien bis Galicien, von Mexiko bis Peru war die Madrider Plaza Mayor Vorbild für Veranstaltungs- und Versammlungsorte unter freiem Himmel. Das anfangs unebene und ungepflasterte Gelände außerhalb der alten Stadtmauern diente zunächst als Bauernmarkt und wurde erst 1617–1620 auf Geheiß Felipes III. – dessen Reiterstandbild den Platz ziert – nach Entwürfen des Escorial-Baumeisters von Juan Gómez de Mora in der gegenwärtigen Form angelegt. Juan de Villanueva gestaltete das weite Geviert mit den Maßen 120 × 100 m von Grund auf neu, nachdem es 1790 zu mehr als der Hälfte abgebrannt war.

So friedlich wie heute präsentierte sich der beliebte Treff von Touristen und Müßiggängern freilich nicht immer. Bis ins 19. Jh. war die Plaza Schauplatz von Stierkämpfen, Reitturnieren, Heiligsprechungen und Hinrichtungen. Heute finden vor der prächtigen Kulisse Konzerte und Theateraufführungen statt, z. B. während des **Verano de la Villa.** Sonntags lebt der einstige Marktcharakter der Plaza Mayor wieder auf, wenn sich im Schatten der Arkaden Philatelisten und Münzsammler zur Tauschbörse einfinden. Wer ein Sonnenbad im Café nehmen möchte, bekommt den schützenden Sombrero im Haus Nr. 30, beim Hutmacher Yustas.

die öffentlichen Veranstaltungen zu ihren Füßen. Die pseudobarocken Fresken von Carlos Franco (1992) zeigen u. a. Toreros und Katzen (*gatos,* so der Spitzname der Madrilenen). Im Erdgeschoss von Haus Nr. 27 residiert das Tourismusbüro. Gegenüber befand sich in der **Casa de Carnicería** bis zum 18. Jh. der Schlachthof.

An der Rückfront der Plaza zeigt die schmale und abschüssige Cava

TOUREN IN DER ALTSTADT

TOUR ❶

MORERÍA / MADRID DE LOS AUSTRIAS

- **1** Casa de Correos
- **2** Casa de la Villa
- **3** Casa de Cisneros
- **4** Casa y Torre de los Lujanes
- **5** San Pedro el Viejo
- **6** Casa-Museo de San Isidro
- **7** Iglesia de San Andrés
- **8** Capilla del Obispo
- **9** Basílica de San Francisco el Grande
- **10** Colegiata de San Isidro Labrador
- **11** Plaza del Conde de Barajas

TOUR ❷

KÖNIGLICHES MADRID

- **12** Monasterio de las Descalzas Reales
- **13** Iglesia de San Ginés
- **14** Teatro Real
- **15** Palacio Real
- **16** Kathedrale La Almudena
- **17** Iglesia de San Nicolás
- **18** Monasterio de la Encarnación
- **19** Edificio España
- **20** Torre de Madrid
- **21** Iglesia de San Marcos
- **22** Museo Cerralbo
- **23** Templo de Debod
- **24** Ermita de San Antonio de la Florida
- **25** Museo de América

de San Miguel den einstigen Verlauf des Festungsgrabens, der hier einst die Stadtmauer sicherte. In den alten Gewölben der Häuser aus dem 18. Jh. haben heute urige Touristenlokale eröffnet.

Im **Mercado de San Miguel**, einem filigranen Bau aus Glas und Eisen (frühes 20. Jh.), werden nicht nur frische Lebensmittel verkauft. Bis in die Nacht hinein gibt es dort köstliche Tapas.

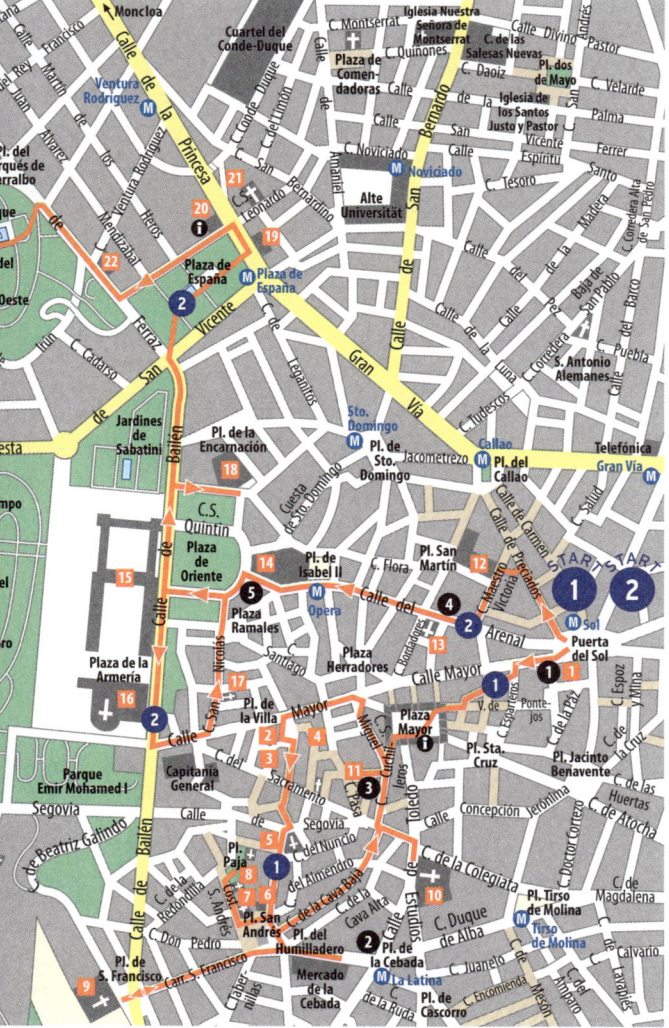

Madrids Rathausplatz mit der barocken Casa de la Villa

PLAZA DE LA VILLA ⭐ 📖 C4

Der Markt des maurischen Madrid befand sich wenige Schritte weiter am Rathausplatz. Dort tagt das Stadtparlament in der **Casa de la Villa** 2 📖 C4, einem Barockbau mit Spitztürmen, der ab 1644 entstand. Juan de Villanueva gestaltete 1771 bis 1787 die Fassade zur Calle Mayor. In den Innenräumen prunken Gobelins, Kristalllüster und Gemälde. Im Plenum beeindrucken edle Mahagonimöbel und ein Fresko von Vicente Palomino (17. Jh.).

Das mit dem Rathaus durch einen Bogen verbundene Bürgerhaus (1537) heißt nach seinem Bauherrn, einem Neffen des illustren Kardinals Francisco Ximénez de Cisneros, **Casa de Cisneros** 3 📖 C4. Besonders sehenswert am jetzigen Amtssitz des Bürgermeisters von Madrid ist die platereske Hauptfassade zur Calle del Sacramento (Plaza de la Villa, 4).

Als ältester Zivilbau Madrids gilt die **Casa y Torre de los Lujanes** 4 📖 C4 (15. Jh.) gegenüber dem Rathaus. Die Hufeisenbögen im Turmaufsatz sind typische Elemente des Mudéjarstils, die nebenan am Portal des städtischen Zeitungsarchivs ihre Wiederholung finden.

Das Standbild in der Platzmitte ehrt Admiral Álvaro de Bazán. Er starb 1588 in Lissabon, kurz bevor die Briten seine als unbesiegbar geltende Armada versenkten.

SAN PEDRO EL VIEJO 5 📖 C4

In das Herz der Morería gelangt man auf der Calle Cordón. Die viel befahrene Calle de Segovia war einst ein Seitenarm des Río Manzanares. Jenseits davon erhebt sich der archaisch anmutende Backsteinturm der Kirche San Pedro el Viejo aus dem Jahr 1354. An derselben Stelle stand bereits die maurische Moschee, die *mezquita* (Calle del Nuncio, 14).

PLAZA SAN ANDRÉS ▦ C5

Der aufsteigenden Costanilla de San Pedro nach Süden folgend, ist rechter Hand bald der hübsche Doppelplatz Plaza San Andrés bzw. Plaza del Humilladero erreicht.

Im Inneren des **Casa-Museo de San Isidro** **6** ▦ C5 ist ein Brunnen zu bewundern, der Schauplatz eines Wunders gewesen sein soll: Der Legende nach entstieg ihm der kurz zuvor darin ertrunkene Sohn des Stadtheiligen dank inständiger Gebete lebendig. Im Untergeschoss wird eine interessante stadthistorische Sammlung präsentiert: Madrid von der Steinzeit bis ins 16. Jh. (Plaza San Andrés 2, Di–Fr 9.30–20, Sa, So 10–14 Uhr).

San Isidro selbst sollte nebenan, in der kuppelbekrönten **Iglesia de San Andrés** **7** ▦ C5 (17. Jh.) seine letzte Ruhestätte finden, wurde aber später in die Colegiata de San Isidro verlegt › S. 76.

An die Rückfront der Kirche an der Calle San Andrés schließt sich das einzige gotische Gotteshaus Madrids an, die **Capilla del Obispo** **8** ▦ C5 aus dem Jahr 1535 (Plaza de la Paja, Besuch mit Führung Di 10 bis 12.30 und Do 16–17.30 Uhr, 3 €).

ZWISCHENSTOPP: RESTAURANT
Viajero **2** €€ ▦ C5
Café, Tapas-Bar und Cocktail-Lounge mit toller Dachterrasse.

• Pl. de la Cebada, 11 | Ⓜ La Latina
Tel. 913 66 90 64
www.elviajeromadrid.com

PLAZA DE LA PAJA ▦ C5

An der verträumten Plaza de la Paja wurde im Mittelalter mit Viehfutter und Stroh (span. *paja*) gehandelt. Weiter südlich öffnen sich drei weitere zusammenhängende Plätze: Der Name der Plaza Puerta de Moros erinnert an das ehemalige maurische Stadttor, das früher an dieser Stelle stand.

An der **Plaza de la Cebada** (»Gerstenplatz«) drehte sich in früheren Zeiten alles um den Verkauf von Getreidesorten, vornehmlich der Gerste. Heute lädt der **Mercado de la Cebada,** eine große Markthalle, zum Bummel ein.

BASÍLICA DE SAN FRANCISCO EL GRANDE **9** ⭐ ▦ B5

Die klassizistische Fassade des mächtigen Kuppelbaus (1774) schuf Francisco Sabatini. Der feierlichdüstere Innenraum erlitt im Bürgerkrieg große Schäden. Die Restaurationsarbeiten wurden 2012 beendet.

Die kostbare Kunstsammlung umfasst bedeutende Werke u. a. von Zurbarán und Sánchez Coello. Ein Frühwerk Goyas schmückt eine der sechs Kapellen, die »Predigt des hl. Bernhard von Siena« (1780).

Als Panteón Nacional birgt San Francisco die Gräber so berühmter Architekten wie Ventura Rodríguez und Juan de Villanueva (San Buenaventura, 1, Di–Sa 10.30–12.30, 16 bis 18, Juli/Aug. Di–So 10.30–12.30, 17–19 Uhr, Eintritt 5 €).

Das La Chata ist innen wie außen mit Fliesen verkleidet

CAVA BAJA C5

Wer nun Hunger verspürt, kann ihn in einer der beiden Parallelstraßen und früheren Stadtgräben Cava Baja und Cava Alta stillen. An der Cava Baja locken Traditionslokale mit herzhaften kastilischen Bratengerichten. Zu den bekanntesten Adressen zählen **Casa Lucio** (Nr. 35), das nach alter Sitte gekachelte **La Chata** (Nr. 24) und **Julián de Tolosa** (Nr. 18) mit baskischen Spezialitäten und seinen gemütlichen Gewölben. Kastilischer Lammbraten, im Ofen gegart, ist die Spezialität der **Posada de la Villa** (Nr. 9). Alle Lokale €€.

COLEGIATA DE SAN ISIDRO LABRADOR 10 C5

Am Beginn der Calle de Toledo (Nr. 37) erhebt sich diese doppeltürmige Stiftskirche. Im 17. Jh. für den Jesuitenorden errichtet, wurde sie dem Schutzheiligen Madrids geweiht. Nachdem die Jesuiten unter Carlos III. in Ungnade gefallen waren, wurde San Isidro zur Kathedrale umgewandelt. Die Bischofswürde trug das unauffällig in eine Häuserzeile eingezwängte Gotteshaus von 1885 bis 1993 jedoch nur vorübergehend, solange die neue Kathedrale La Almudena › S. 80 noch im Bau war. Im Inneren der Kirche überwiegen barocke Stilelemente. Die Gebeine des heiligen Landarbeiters, der um 1080–1172 gelebt haben soll, werden am Hauptaltar verehrt.

ALTSTADTPLÄTZE

Zwei idyllische Altstadtplätze bilden die **Plaza del Conde de Barajas** 11 C4 sowie die **Plaza del Conde de Miranda** mit dem Kloster Las Carboneras (17. Jh.), wo noch heute Nonnen leben und hausgemachtes süßes Gebäck durch das Pfortenfenster verkaufen. Vorbei am malerischen Arco de Cuchilleros, einem Treppenaufgang zur Plaza Mayor, erreicht man wieder die Cava San Miguel bzw. die Calle Mayor.

ZWISCHENSTOPP: RESTAURANT
El Sobrino de Botín ❸ €€ C4
Seit 1725 pflegt das älteste und traditionsreichste Restaurant Madrids die herzhafte Küche Kastiliens.
• Cuchilleros, 17 | Ⓜ Sol
  Tel. 913 66 42 17 | www.botin.es

TOUR 2

KÖNIGLICHES MADRID

VERLAUF: Puerta del Sol › Monasterio de las Descalzas Reales › Teatro Real › Palacio Real › La Almudena › Monasterio de la Encarnación › Plaza de España › Parque del Oeste › Universitätsviertel

KARTE: Seite 72
DAUER: 2–3 Stunden, mit Abstecher zur Ermita de San Antonio 4 Stunden
PRAKTISCHE HINWEISE:
- Startpunkt ist Puerta del Sol (Ⓜ Sol), Endpunkt Plaza de España (Ⓜ Plaza de España).
- Der Rundgang eignet sich gut für den späteren Nachmittag; die beiden königlichen Klöster haben jedoch eingeschränkte Öffnungszeiten, die man einkalkulieren sollte.
- Am Abend kann man zum Abschluss ein wenig durch die Fußgängerzonen zwischen Puerta del Sol und Plaza del Callao bummeln (die Läden haben bis 22 Uhr geöffnet). Oder Sie suchen sich an der Gran Vía › **S. 87** einen angenehmen Platz für den abendlichen Aperitif.

TOUR-VERLAUF: MONASTERIO DE LAS DESCALZAS REALES 🔢12
3 🏛 C4

Von der Puerta del Sol folgt man der autofreien Einkaufsmeile Calle Preciados nach Norden, um am Kaufhaus Corte Inglés links in den schmalen Callejón Preciados einzubiegen. An der Plaza de Descalzas liegt das Monasterio de las Descalzas Reales. Doña Juana, Tochter Karls V. und Schwester Felipes II., ließ den Renaissancepalast – ihr Geburtshaus – ab 1554 zum Kloster umbauen. Ausschließlich Frauen des habsburgischen Hochadels, darunter viele Witwen und uneheliche Königstöchter, zogen sich hinter diese Mauern zurück. Die Verbindung zu den gekrönten Häuptern riss nie ab, sodass die Unbeschuhten Klarissinnen nicht auf ihre Schätze verzichten mussten und sie sich ihrer Herkunft entsprechend prächtig einrichten konnten.

Prunkvolle Fresken schmücken das **Treppenhaus** zur oberen Galerie des Kreuzgangs. Im Hauptchor ruhen die Gebeine der prominentesten Nonne: Kaiserin Maria von Österreich war eine Schwester der Stifterin. Eine 14-teilige Serie von **Wandteppichen** nach Vorlagen von Rubens ziert den Schlafsaal.

Die Gemäldesammlung, deren wertvollste Stücke in der alten Klosterküche ausgestellt sind, umfasst Werke von Rubens, Brueghel d.Ä., José de Ribera und Francisco Zurbarán. Bei dem berühmten »Zinsgroschen« von Tizian handelt es sich um die Zweitfassung eines Bildes, das in der Gemäldegalerie Alte Meister in Dresden zu sehen ist. Im Klausurbereich leben und beten heute 26 Franziskanerinnen (Plaza de las Descalzas Reales, Di–Sa 10 bis 14, 16–18.30, So, Fei 10–15 Uhr, Führungen, Eintritt 6 €).

ZUR OPER

An der Plaza San Martín neben dem Kloster lohnt ein Blick auf die **Casa de las Alhajas** (1870), die heute für Veranstaltungen genutzt wird. Die **Iglesia de San Ginés** 13 🏴 C4 (1641–1672) an der Geschäftsstraße Calle del Arenal wurde zuletzt zwischen 1956 und 1964 umgebaut. Die rechte Seitenkapelle (Capilla del Cristo) birgt »Die Vertreibung der Wechsler aus dem Tempel« von El Greco (Arenal, 13, 8.45–13, 18.30 bis 21 Uhr).

ZWISCHENSTOPP: CAFÉ

Chocolatería San Ginés 4 🏴 C4
Neben der Kirche, im schmalen Durchgang Pasadizo de San Ginés, serviert die traditionsreiche Chocolatería › S. 47 seit 1894 in Fett gebackene *Churros* mit heißer Schokolade – und das 24 Stunden täglich. › mehr S. 14 Punkt 11

Das Westende der Calle del Arenal bildet die Plaza Isabel II. mit der Statue dieser Monarchin und der mächtigen Hauptfassade des **Teatro Real** 14 🏴 C4. Vom Glück verfolgt war die Madrider Oper in ihrer Karriere nicht gerade: 1831 begonnen, zogen sich die Arbeiten wegen Geldmangels hin. Sie wurde erst 1850 eingeweiht. Im 20. Jh. blieb das Opernhaus lange geschlossen, bis Intendant García Navarro 1997 glanzvoll mit Manuel de Fallas »Dreispitz« wiedereröffnete › S. 44. Führungen (6 €, Span., auf Anfrage Engl.) durch die opulenten Säle tgl. 10.30–13 Uhr, Reservierungen: Tel. 915 16 06 96, visitasguiadas@teatro-real.com, www.teatro-real.com.

PLAZA DE ORIENTE 🏴 B/C4

Zwischen Oper und Königspalast erstreckt sich der parkähnliche Platz, den Madrid Joseph Bonaparte verdankt. Die Reiterstatue in der Mitte verewigt jedoch König Felipe IV.; sie wurde im 19. Jh. aus dessen einstiger Palaststadt Buen Retiro hierher versetzt. Der auf den Hinterbeinen stehende Hengst, vom Italiener Pietro Tacci 1640 in Bronze gegossen, war damals eine Meisterleistung der Statik. Statuen westgotischer und spanischer Könige von Ataulf bis Fernando VI. säumen die Plaza.

ZWISCHENSTOPP: RESTAURANT

Café de Oriente 5 €€ 🏴 B/C4
Das eleganteste Belle-Époque-Kaffeehaus Madrids ist ideal fürs zweite Frühstück oder den nächtlichen Imbiss nach der Oper (abends auch Restaurant).
• Pl. de Oriente, 2 | Ⓜ Ópera
  Tel. 915 41 39 74

PALACIO REAL 15 4 🏴 B4

Imponierend wirkt der Kolossalbau aus hellgrauem Granit und Kalkstein schon durch seine Dimensionen (500 m Seitenlänge!) und die Vorzugslage über der Manzanares-Senke. Der Bourbone Felipe V. ließ den vierflügeligen Palast erbauen, nachdem der Sitz der Habsburger, der sich an derselben Stelle über den Fundamenten eines maurischen Alcázar erhob, am 24. Dezember 1734 abgebrannt war. Als Hauptarchitekt wurde der Piemontese Giovanni Battista Sacchetti verpflichtet. Außen überwiegen italienisch-klassizistische Stilelemente, während in den über 2000 Räumen üppiger Spätbarock vorherrscht. Falls nicht gerade ein Staatsempfang stattfindet, steht der Palast Besuchern offen (Calle Bailén, Zugang von der Plaza de la Armería, April–Sept. tgl 10 bis 20, Okt.–März tgl. 10–18 Uhr; Eintritt 10 €, erm. 5 €, Online-Tickets jeweils zur festgelegten Stunde unter https://entradas.patrimonionacional.es).

In der Regel sind nur 30–50 Säle zugänglich, deren prachtvolle Ausstattung mit Gemälden (u. a. Goya, Velázquez), Stuck, Goldbrokat, Samt und Seide fast beklemmend wirkt. Zu den Höhepunkten zählt der **Salón de Alabarderos** (»Hellebardensaal«) mit dem Fresko »Apotheose des Äneas« von Tiepolo (1766) und Brüsseler Wandteppichen nach Vorlagen von Raffael (17. Jh.). Im prächtigen **Thronsaal** mit vergoldeten Möbeln ließen sich die Regenten mit einem weiteren Deckenfresko Tiepolos verherrlichen. Gemälde von Anton Raphael Mengs (1728–1779) schmücken die **Privatgemächer Carlos' III.**; im **Comedor de Gala** brechen Hunderte von Kristalllüstern das Licht. Der **Salón de las Porcelanas** ist mit Keramikfliesen aus der Fábrica del Buen Retiro ausgekleidet.

Noch mehr Rüstungen, rostige Säbel und Büchsen als die **Real Armería**, die Königliche Waffensammlung, besitzt nur die Sammlung in Wien. Die schon etwas angestaubte **Real Botica** (Königliches Apothekenmuseum) und das **Museo de Carruajes** (Kutschenmuseum) im Schlosspark erlauben interessante Einblicke in den höfischen Alltag.

Zum Lustwandeln eignen sich die beiden Parkanlagen **Jardines de Sabatini** und der bis zum Manzanares reichende **Campo de Moro** (Eingang am Paseo de la Virgen del

Aufmarsch der Königlichen Garde zur feierlichen Wachablösung am Palacio Real

MADRID MIT AUSSICHT

- **Poolterrassen**
  Im Sommer sind die Swimming-
  pools auf den Dächern der Hotels
  Room Mate Óscar (Pl. Pedro Zero-
  lo, 12, Ⓜ Gran Vía, https://room-
  matehotels.com/de/oscar/), und
  Emperador (Gran Vía, 53, Ⓜ Santo Domingo › S. 32) bis tief in die
  Nacht trendige Treffpunkte (20
  bis 44 €).

- **Volvoreta** €€€
  Das Top-Restaurant im neuen
  Business-Viertel »Cuatro Torres«
  bietet vom 30. Stock eine umwer-
  fende Aussicht.
  Paseo de la Castellana, 259 B
  Ⓜ Begoña | Tel. 913 34 27 55
  www.eurostarsmadridtower.com.

- **Teleférico de Madrid**
  Bei der Fahrt mit der Seilbahn
  zum Park Casa de Campo › S. 82
  erscheinen die abendlichen Sil-
  houetten der Plaza de España
  und des Königspalastes wie grandiose Filmkulissen.

- **Parque del Cerro del Tío Pío**
  Prächtige Sonnenuntergänge und
  das Panorama von den Dächern
  der Altstadt bis zu den Wolken-
  kratzern des AZCA-Viertels lassen
  sich von diesem wenig bekannten
  Park im Osten der Stadt genießen. Ⓜ Portazgo

- **Círculo de Bellas Artes**
  Grandioser Rundblick, dazu coole
  Drinks und chillige Musik bis
  2 Uhr nachts. Alcalá, 42,
  Ⓜ Banco de España

Puerto). Der Name »Maurenfeld«
geht auf den Almoravidenfürsten
Jusuf zurück, der hier 1109 mit seinen Truppen ante portas stand, Madrid aber nicht einnehmen konnte.

Von der Aussichtsterrasse der
Plaza de la Armería eröffnet sich
ein toller Rundblick über das ehemalige Königliche Jagdgelände Casa
de Campo › S. 82. Noch schöner
sitzt man auf der Café-Terrasse Las
Vistillas, auf der anderen Seite des
Viaducto gelegen, der 25 m hohen
Brücke über die Morería › unten.

KATHEDRALE
LA ALMUDENA 16 ▮ B4

Gegenüber dem Palasteingang erhebt sich die neue Kathedrale des
Bistums von Madrid und Alcalá, La
Catedral de Santa María de la Almudena. Das Gotteshaus im Stilge-
misch zwischen Neugotik und Klassizismus wurde erst 1993, nach
100-jähriger Bauzeit, vom Papst geweiht. Der Legende nach fanden die
Helden der Reconquista an dieser
Stelle ein Bildnis der Schutzheiligen, La Virgen de la Almudena, in
der Stadtmauer der Medina und
deuteten dies als ein Zeichen Gottes. Hinter der Kirche legten Ar-
chäologen Reste des Schutzwalls
frei (Calle Bailén, 10, www.catedral
delaalmudena.es, tgl. 9–20.30, Juli/
Aug. 10–21 Uhr).

Zum ältesten Gotteshaus Mad-
rids, der **Iglesia de San Nicolás** 17
▮ C4 mit einem Mudéjarturm aus
dem 12. Jh. und dem Grab des
Escorial-Architekten Juan de Herrera, führt die Calle San Nicolás
südlich der Kathedrale. Folgt man

Don Quijote und Sancho Pansa an der Plaza de España

ihr nach Norden, kommt man zurück zur Plaza Oriente.

MONASTERIO DE LA ENCARNACIÓN 18 ⭐ ■ B/C4

Durch die Calle de San Quintin nördlich der Plaza gelangt man zur Plaza de la Encarnación mit einem Denkmal für den Dichter Lope de Vega und dem zweiten Habsburgerkloster Madrids. Der Entwurf der Anlage von 1616 wird dem Architekten der Plaza Mayor zugeschrieben, Juan Gómez de Mora. Margarethe von Österreich, die Gattin Felipes III., trat als Stifterin auf.

Besonders sehenswert sind der Gemäldesaal (u. a. »Johannes der Täufer« von José de Ribera) sowie die Reliquiensammlung, die einen Glaskolben mit dem Blut des hl. Pantaleón verwahrt; der Märtyrer gilt als Patron der Ärzte. Immer am 27. Juli, seinem Namenstag, soll sich der geronnene Lebenssaft verflüssigen; bleibt das Wunder aus, gilt dies als ein schlimmes Omen (Plaza de la Encarnación, 1, Di–Sa 10–14, 16–18.30, So, Fei 10–15 Uhr, Eintritt 6 €).

PLAZA DE ESPAÑA ■ B/C3

Folgt man der Calle Bailén nach Norden (ca. 1 km), passiert man zunächst das Gebäude des spanischen Senats (1845 begonnen, mit modernen Erweiterungen), bevor eine Unterführung auf die Plaza de España führt. Inmitten einer kleinen Grünanlage steht dort das viel fotografierte Denkmal für Cervantes, Ergebnis eines Bildhauerwettbewerbs von 1915. Der Dichter thront unter einer Weltkugel; zu seinen Füßen reiten Don Quijote und Sancho Pansa der Mancha entgegen.
> mehr S. 16 Punkt 23

Das 107 m hohe Edificio España 19 ■ C3 ließ Franco 1947–1953 errichten, um der Welt die wiedererlangte Macht des Landes zu beweisen. Die Architekten des rotweißen Kolosses, Julián und Joaquín Otamendi, zitierten Stilelemente des Madrider Barock. 2019 eröffnet hier das luxuriöse Riu Plaza Hotel 550 Zimmern auf 26 Etagen.

Noch höher hinaus wollten Francos Baumeister zwischen 1954 und 1957 mit der **Torre de Madrid** 20 ◖ B3, dem ersten Wolkenkratzer Spaniens (124 m) mit Klimaanlage.

Im Schatten der Betongiganten liegt an der Calle San Leonardo ein wenig beachtetes Juwel: Die **Iglesia de San Marcos** 21 ◖ C3 zählt zu den schönsten Werken des Madrider Barockarchitekten Ventura Rodríguez. Er entwarf auch den üppigen Altaraufsatz im Inneren. Gebaut wurde die Kirche im 18. Jh. zum Gedenken an den Sieg Felipes V. über Erzherzog Karl von Österreich bei Almansa, mit dem die Bourbonen den Spanischen Erbfolgekrieg zu ihren Gunsten entschieden (San Leonardo, 10).

An der nordwestlichen Ecke der Plaza de España vermittelt das **Museo Cerralbo** 22 ⭐ ◖ B3 eine Vorstellung vom adeligen Privatiersmilieu im 19. Jh. › mehr S. 17 Punkt 29 Don Enrique de Aguilera y Gamboa, XVII. Marqués de Cerralbo, war Politiker, Archäologe, leidenschaftlicher Sammler, Reisender und Privatgelehrter. Seinen 1883 erbauten Stadtpalast vermachte er samt Tausenden von Kunstobjekten der Stadt Madrid. Im Erdgeschoss verdient El Grecos »Hl. Franziskus in Ekstase« (Kapelle) besondere Beachtung. Nicht minder wertvoll sind Werke von Tizian, Tintoretto und Alonso Cano in der Galería de Pintura (Ventura Rodríguez, 17,

---

💬 CASA DE CAMPO

Wer Madrider Familienleben studieren möchte, sollte an einem Sonntagnachmittag die Seilbahn El Teleférico nehmen und in den 1721 ha großen Park westlich des Manzanares hinüberschweben. Im Sommer sind mehr als 100 000 Besucher täglich keine Seltenheit; überall lagern dann Ausflügler mit gut gefüllten Kühltaschen und reichlichem Weinvorrat. Die Kinder toben sich aus; man spielt Karten, Pelota oder Federball, studiert die Sonntagszeitung, hört Fußball im Radio, palavert oder döst einfach vor sich hin. Sportliche Madrilenen schwingen sich derweil aufs Mountainbike oder schnüren die Wanderschuhe. Abseits von Seilbahnstation und Vergnügungspark erscheint der lichte Meseta-Wald aus Pinien und Korkeichen erstaunlich einsam, obwohl die Skyline der Metropole immer zum Greifen nah ist. Als Tourist sollte man die Gegend um den See der Casa de Campo nach Einbruch der Dunkelheit allerdings besser meiden.

Seilbahn ab Paseo de Pintor Rosales/C. Marqués de Urquijo, Ⓜ Argüelles (tgl. 12–20.30, Sa, So 11–21, im Winter bis 18 Uhr, Tel. 902 34 50 02, www.tele ferico.com). Parque de Atracciones und Zoo: Ⓜ Batán.

Mit der Seilbahn schwebt man zum Park Casa de Campo hinüber

www.culturaydeporte.gob.es/mcer
ralbo/home.html, Di–Sa 9.30–15,
Do auch 17–20, So, Fei 10–15 Uhr,
Eintritt 3 €).

PARQUE DEL OESTE 🔖 A1–B3

Auf einer begrünten Anhöhe jenseits der Calle de Ferraz steht ein
Bauwerk ganz unerwarteter Herkunft: Der **Templo de Debod** 23
🔖 B3 stammt aus Südägypten und
ist quasi das älteste Gebäude der
Stadt. › mehr S. 17 Punkt 30 Um
200 v. Chr. zu Ehren des Gottes
Ammon am Ufer des Nils erbaut,
wäre er vom Assuanstausee überflu-
tet worden, hätte ihn nicht die ägyptische Regierung 1968 den Spaniern
zum Geschenk gemacht (Jardines
del Templo de Debod, Ferraz, 1,
Eintritt frei).

Auf den umliegenden Hügeln
mit dem **Parque del Oeste** erschoss
Napoleons Soldateska am 3. Mai
1808 die aufständischen Madrilenen. Das Massaker hat Goya in einem seiner berühmtesten Gemälde
der Nachwelt übermittelt (im Museo del Prado) › S. 138.

Durch das zum Río Manzanares
hin abfallende Parkgelände gelangt
man am Rosengarten **La Rosaleda**
vorbei zur Fußgängerbrücke, die
über die Schienen des Bahnhofs
Príncipe Pío führt.

Auf der anderen Seite, zwischen
Gleisen und Fluss, liegt rechter
Hand die unscheinbare Kapelle der
**Ermita de San Antonio de la Flori-
da** 24 ⭐ 🔖 A3, um 1798 von Juan
de Villanueva erbaut. Die Kuppel
malte Goya innerhalb von nur fünf
Monaten mit herrlichen Fresken
aus, die »Das Wunder des hl. Antonius von Padua« illustrieren. › mehr
S. 17 Punkt 28 Die heiteren Farben,
die freie Komposition und die Be-
handlung des Themas als volksfest-
artige Massenszene gehen weit über
die damals gängige Sakralkunst hinaus und lassen die Bedeutung Goyas
als Wegbereiter der Moderne erah-

OASEN DER RUHE

Plätze zum Ausruhen sind gefragt in der Hektik der Großstadt – in Madrid jedoch eher eine Seltenheit:

- **Plaza San Andrés**
  Nette Altstadt-Plaza mit Café zum Draußensitzen ▸ **S. 75.**
  Ⓜ La Latina
- **Casa de Campo**
  Das ehemalige königliche Jagdrevier geht fließend in die weite Mancha über ▸ **S. 82.**
  Ⓜ Lago und Batán
- **Plaza de Santa Ana**
  Auf der Plaza ist zwar immer etwas los, aber die Bars und Cervezerías bieten eine sympathische Pausenkulisse ▸ **S. 105.**
  Ⓜ Sol
- **Cementerio de San Isidro**
  Der schönste Friedhof der Stadt ▸ **S. 113.**
  Ⓜ Puerta de Toledo
- **Paseo del Prado**
  Auf der Platanenallee gibt es schattige Bänke und einen Spielplatz für Kinder ▸ **S. 133.**
  Ⓜ Banco de España.
- **Estación de Atocha**
  Die Option für Regenwetter: Tropischer Palmengarten unter dem Bahnhofsdach ▸ **S. 142.**
  Ⓜ Atocha
- **Parque El Capricho**
  Romantische Barock-Parkanlage der Grafen von Osuna nach französischem Vorbild.
  Paseo Alameda de Osuna s/n
  Ⓜ El Capricho

nen. Seine Überreste wurden im Jahr 1919 aus Bordeaux in die Ermita überführt, die auch als Panteón de Goya bekannt ist (Glorieta de San Antonio de la Florida, 4, www.madrid.es/ermita, Di–So 9.30 bis 20 Uhr, Eintritt frei).

UNIVERSITÄTSVIERTEL

Etwa 1,5 km spaziert man am schattigen Paseo del Pintor Rosales bzw. dem Paseo de Moret entlang nach Norden. Die Plaza de Moncloa wird vom klobigen **Cuartel del Ejército del Aire,** dem Hauptquartier der Luftwaffe im totalitaristischen Stil der Franco-Ära, dominiert.

Jenseits des Arco de la Victoria (1956), mit dem der Diktator den Sieg über die Republik feierte, ragt der futuristische **Faro de Moncloa** 🔖 **A1** auf. Wie ein Raumschiff wirkt die 92 m hohe Plattform. Besucher können dort hinauffahren und die Aussicht auf die Stadt und das weitläufige Universitätsgelände genießen, auf dem sich auch die Residenz des Ministerpräsidenten (Palacio de la Moncloa) befindet.

Das **Museo de América** 🟧25 ⭐ 🔖 **A1** beherbergt eine Sammlung präkolumbischer Exponate, die im 18. und 19. Jh. aus den Exkolonien geborgen wurden. Besonders sehenswert in der Sammlung zur Kultur und Geschichte sind der »Goldschatz der Quimbaya« aus Kolumbien sowie die Kopie einer 112-seitigen Maya-Handschrift (Avenida Reyes Católicos, 6, www.culturaydeporte.gob.es/museodeamerica/el-museo.html, Di–Sa 9.30–15, Do bis 19, So, Fei 10–15 Uhr, Eintritt 3 €).

GRAN VÍA, MALASAÑA UND CHUECA

Spaziergang über die Calle del
Espíritu Santo im Szeneviertel
Malasaña

Die noble Gran Vía ist Madrids geschäftiger Boulevard mit eleganten Läden und Restaurants. Die ursprünglichen Stadtviertel Chueca und Malasaña warten mit einem regen Nachtleben auf.

Was macht eine Großstadt zur Weltstadt? Ganz klar: Ein Boulevard, und zwar ein möglichst bunter und grandioser, gehört auf jeden Fall zum Erscheinungsbild einer belebten Metropole. Die Madrider Stadtoberen, ihrerseits gewiss keine Freunde halber Sachen, ließen dafür ab 1910 durch das nördliche Zentrum Madrids eine enorme Schneise schlagen. So entstand die Gran Vía. Auf dem Reißbrett der Architekten konzipiert, sollte sie es an Flair und Größe mit den Prachtstraßen von Paris oder New York aufnehmen können.

Inzwischen ist die über hundertjährige Avenida fest ins Stadtbild integriert und hat sogar etwas Patina angesetzt. Beinahe verspielt wirken manche der großbürgerlichen Prachtbauten von damals, zumindest verglichen mit den jüngsten Beispielen monumentaler Bauweise. Nur wenige Schritte abseits der lauten »Großen Straße« tut sich jedoch eine andere Welt auf: Die Barrios Malasaña und Chueca prägt noch eine anheimelnde Atmosphäre, etwas vom ursprünglichen Charakter des alten Madrid. Richtig betriebsam wird es hier in den engen Gassen jedoch erst zu weit vorgerückter Stunde, wenn die alternative Szene die Nacht zum Tage macht.

Madrids prächtiger Boulevard: die Gran Vía

TOUR RUND UM DIE GRAN VÍA

UM DIE GRAN VÍA

VERLAUF: Plaza de España › Gran Vía › Plaza de Chueca › Museo del Romanticismo › Museo de Historia › Plaza del Dos de Mayo › Cuartel del Conde-Duque › Palacio de Liria › Alte Universität

KARTE: Seite 88
DAUER: 3 Stunden, mit Museen ca. 5 Stunden
PRAKTISCHE HINWEISE:
- Start- und Endpunkt ist Ⓜ Plaza de España.
- Ideal für den Rundgang ist der späte Nachmittag oder frühe Abend, weil dann die Sonne schräg steht und die Häuserschlucht der Gran Vía in ein besonders imposantes Licht taucht. Zudem bietet es sich am Ende der Tour an, ein Getränk in einer der vielen Bars des Viertels zu nehmen.

TOUR-VERLAUF:
GRAN VÍA 🔳 C3–D4
Den westlichen Abschnitt der Gran Vía zwischen Plaza de España und Calle de San Bernardo säumen recht gesichtslose Hochhäuser aus den 1930er- und 1940er-Jahren. Vor allem Restaurants, Schuh- und Modegeschäfte haben sich hier angesie-

delt. Ab der **Plaza del Callao,** wo nach Süden die Einkaufsmeilen Calle Preciados und Calle del Carmen abzweigen, ändert sich die Szenerie. Kinopaläste wie das Callao, Capitol oder Palacio de la Música (mit 2000 Plätzen das größte Kino Spaniens!) werben mit turmhohen Medienfassaden für die neuesten Kassenschlager.

Fantasievolle Türmchen, Erker und Figuren zieren das **Hotel Atlántico** (Nr. 38), die Geschäftshäuser **Edificio Madrid-París** (Nr. 32) und **Casa Matesanz** (Nr. 27), alle aus den 1920er-Jahren. Spaniens teuerste Mieten zahlen die Geschäftsleute in der autofreien Calle Preciados. In den Kaufhäusern **Corte Inglés** (Preciados, 3), **FNAC** (Preciados, 28) und **Galerías Preciados** (Plaza del Callao) kann man stundenlang stöbern. Einen tollen Blick über die Häuserschluchten bietet die Terrassenbar des Hotels Ada Palace (Gran Vía, 2) oder die Pool-Dachterrasse des Hotels Emperador (Gran Vía, 53) › S. 32.

An der Calle de Fuencarral überragt die **Telefónica** 🔳 1 🔳 D3 sämtliche Nachbarn um Längen. Der Bau der spanischen Telefongesellschaft wurde 1926–1929 nach Plänen des Amerikaners Louis Week errichtet und mit einem Hauch Madrider Barock dem spanischen Zeitgeschmack angepasst. Damals war es sogar das höchste Bauwerk Europas (89 m). Im Spanischen Bürgerkrieg schlugen sowohl Republikaner als auch Anarchisten hier ihr Hauptquartier auf. Der **Espacio Fundación Telefónica** bietet auf mehreren Etagen eine Plattform für aktuelle Ausstellungen als Dialog zwischen Kunst, Technologie und neuen Kommunikationsformen. Neben einer Sammlung zur Geschichte der Telekommunikation werden herausragende Werke spanischer Künstler präsentiert, u. a. Chillida, Tápies, Gris und Picasso (Fuencarral, 3, www.espacio.fundaciontelefonica.com, Di–So 10–20 Uhr).

Von maurischem Dekor ließ sich der Architekt, Pedro Mathet (1878 bis 1936), des mit Fliesen geschmückten **Edificio La Estrella** (Calle de Fuencarral, 7) inspirieren.

SHOPPING

Casa del Libro ▌ C 4

In dieser Buchhandlung wird auch englisch- und deutschsprachiger Lesestoff angeboten.

• Gran Vía, 29 | Ⓜ Callao
www.casadellibro.com

Librería del Prado ▌ D 4

Bücherfreunde finden hier vor allem Antiquarisches, Bibliophiles und seltene Ausgaben vor.

- Calle del Prado, 5 | Ⓜ Sol
  www.libreriadelprado.com

AM ABEND

Museo Chicote 📕 D4

Als einen Ort, um Getränke und Meinungen zu mischen, wünschte sich ihr Gründer Pedro »Perico« Chicote die traditionsreiche Bar. In ihren ledergepolsterten Chromstühlen saßen schon Ava Gardner, Frank Sinatra, Ernest Hemingway oder Luis Buñuel.

- Gran Vía, 12 | Ⓜ Gran Vía
  www.museo-chicote.com

Im **Edificio Grassy** (Nr. 1–3) können sich Uhrenliebhaber im gleich-namigen Juweliergeschäft während der Geschäftszeiten die private Sammlung des Museo del Reloj Grassy zeigen lassen. Das Eckhaus zur Calle de Alcalá, das **Edificio Metrópolis,** 1905 von dem Architekten Luis Esteve gebaut, markiert mit seiner prächtigen Kuppel und der geflügelten Siegesgöttin den ausgesprochen fotogenen Schlusspunkt des Gran-Vía-Bummels.

PLAZA DEL REY 2 📕 D4

Über die Calle del Barquillo gelangt man nordwärts zur Plaza del Rey. Das 1891 von Mariano Benlliure ge-

TOUR ENTLANG DER GRAN VÍA UND DURCH DIE VIERTEL MALASAÑA UND CHUECA

TOUR ❸

UM DIE GRAN VÍA

1 Telefónica
2 Plaza del Rey
3 Iglesia de las Salesas Reales
4 Casa-Palacio Longoria
5 Museo del Romanticismo
6 Museo de Historia
7 Iglesia de los Santos Justo y Pastor
8 Convento de las Salesas Nuevas
9 Iglesia Nuestra Señora de Montserrat
10 Plaza de Comendadoras
11 Cuartel del Conde-Duque
12 Palacio de Liria
13 Alte Universität

schaffene Denkmal in der Mitte stellt den heldenhaften Teniente Ruiz dar, wie er beim Volksaufstand gegen Napoleon mit gezogenem Degen zur Attacke ruft. Die Westseite nimmt die **Casa de las Siete Chimeneas** ein, benannt nach den sieben Schornsteinen. Der Renaissancepalast von 1577 beherbergt das Spanische Kultusministerium.

PLAZA DE CHUECA ⭐ 📖 D3

Durch die Calle de la Libertad, wo sich einige Madrider Traditionslokale konzentrieren (z. B. das Libertad 8 Café › S. 91, La Carmencita, Hausnr. 16 › S. 36), ist rasch die gemütliche Plaza de Chueca erreicht. Das Geviert trägt den Namen des Madrider Paso-doble-Komponisten Federico Chueca (1846–1908). Tagsüber ein belebter Treffpunkt der Bewohner des gleichnamigen Barrio, wandelt sich die Gegend um die Plaza de Chueca am Abend zu einer ausgesprochenen Lieblingsbühne der Madrider Lesben- und Schwulenszene.

Auf ein Glas oder zum Essen in das schöne Lokal La Carmencita

AM ABEND

Libertad 8 Café D3

In dem traditionsreichen Literaturcafé finden allabendlich ab 21 Uhr Lesungen, Liederabende und andere Veranstaltungen statt. Ab 16 Uhr geöffnet.

- Calle de la Libertad, 8
  Ⓜ Chueca | Tel. 91 532 11 50
  www.libertad8cafe.es

Bodega de Ángel Sierra D3

Die klassische Bodega de Ángel Sierra (seit 1908) wirkt mit den alten Fliesen und ihrer Mahagonivertäfelung beinahe museal.

- Plaza de Chueca, 11 | Ⓜ Chueca
  www.tabernadeangelsierra.es

IGLESIA DE LAS SALESAS REALES ③ ⭐ E3

Die Pfarrkirche an der gleichnamigen Plaza ist nicht von ungefähr der hl. Barbara geweiht. Die wegen ihrer Verschwendungssucht unbeliebte Bárbara de Bragança, Gattin von Fernando VI., ließ Kirche und Konvent des französischen Salesianerordens 1749–1758 erbauen. Vom Klosterbau blieb nach einem Großbrand 1915 nicht viel übrig; in dem rekonstruierten Gebäude an der Plaza de la Villa de París amtieren nun die Justizbehörden.

Französisch inspiriert ist auch das Innere der spätbarocken Kirche, für die der Pariser Architekt François Carlier verantwortlich zeichnete. Fresken von González Gutiérrez und Gemälde von Francesco de Mura machen Kuppel und Altar zu einem echten Rokokojuwel. Besonders aufwendig gestaltet sind die Grabmäler des Königspaares, das nicht im Escorial, sondern stattdes-

---

👍

PROGRAMMKINOS

- **Verdi** C1
  Fünf Säle, spanisches und internationales Programm, häufig Filme im Original.
  Bravo Murillo, 28 | Chamberí
  Ⓜ Canal
  Tel. 914 47 39 30
  www.cines-verdi.com
- **Renoir** B3
  Kinokette mit Anspruch; interessantes Independent-Programm und alles im Original, u. a.
  Martín de los Heros, 12
  Conde Duque
  Ⓜ Plaza de España
  Tel. 902 22 91 22
  www.cinesrenoir.com
- **Filmoteca Española (Cine Doré)** D5
  Das spanische Filmmuseum zeigt alle Filme im Original; immer sehenswerte Filmkunstreihen. Am schönsten ist der rekonstruierte Jugendstilsaal 1. Schönes Café und Filmbuchladen.
  Santa Isabel, 3 | Lavapiés
  Ⓜ Antón Martín
  Tel. 913 69 11 25 | www.mecd.gob.es/cultura/areas/cine
- **Fescinal (Cine de Verano)** A2
  Freiluft-Sommerkino des Kulturministeriums von Juni bis August im Parque de la Bombilla, täglich wechselndes Programm. Gezeigt werden auch Originalversionen.
  Avenida de Valladolid, s/n
  Madrid Río
  Ⓜ Príncipe Pío | www.fescinal.es

sen in seiner Kirche bestattet werden wollte (Parroquia de Santa Barbara, General Castaños, 2/Bárbara de Braganza, 1, Mo–Fr 9–13, 18–21, Sa, So ab 10 Uhr).

CASA-PALACIO
LONGORIA 4 ▮ D3

Auf eines der seltenen Beispiele spanischen Jugendstils (Modernismo) in Madrid stößt man an der Calle Fernando VI./Ecke Calle Pelayo: Die Casa-Palacio Longoria mit üppiger, floraler Fassadengestaltung erbaute der Katalane Josep Grasès Riera 1902 im Auftrag des wohlhabenden Bankiers Longoria. In dem Bau mit den charakteristischen fließenden Formen residiert der Spanische Schriftstellerverband.

💬 MANUELA MALASAÑA

An den blutigen Aufstand vom 2. Mai 1808 erinnert ein Ziegeltor an der Plaza del Dos de Mayo, einziger Überrest der Monteleón-Kaserne, in der sich die Rebellen bis zum bitteren Ende verschanzt hielten. Das heroisierende Denkmal vor dem Tor stellt ihren Anführer Daoiz y Velarde dar. Gegen Napoleons Truppen hatten die mit Küchenmessern und Mistgabeln bewaffneten Madrilenen freilich keine Chance. Unter den 1500 Zivilisten, die ihr Leben ließen, war eine besonders tapfere junge Frau namens Manuela Malasaña – sie gab dem Stadtteil ihren Namen.

MUSEO
DEL ROMANTICISMO 5 ▮ D3

Die Travesía de San Mateo kreuzt die Calle de Hortaleza und trifft danach auf die Calle de San Mateo, wo das Museo del Romanticismo (Nr. 13) einen Besuch lohnt. Der klassizistische Adelspalast war bis 1924 im Besitz des Marquès de Vega-Inclán, des Begründers der Paradores-Hotelkette. Zu bestaunen sind Stilmöbel, Keramik und Gemälde des 19. Jhs., darunter viele Porträts von Mitgliedern der königlichen Familie sowie von politischen und militärischen Führern dieser Zeit.

Von Goya besitzt das Museum ein Bildnis des hl. Gregorius (1794). Im alten Ballsaal schwelgten einst Dichter der spanischen Romantik, Schauspieler und Bohemiens. Ein Raum ist dem Leben des Poeten José Maria de Larra (1809 bis 1837) gewidmet. Ausgestellt ist u. a. der Stuhl, auf dem sich der Mitbegründer des liberalen Kulturvereins *Ateneo* › S. 105 aus Liebeskummer erschoss (San Matteo, 13, www.cultura ydeporte.gob.es/mromanticismo/ inicio.html, Di–Sa 9.30–18.30, Sommer bis 20.30, So, Fei 10–15 Uhr, Eintritt 3 €).

MUSEO DE HISTORIA DE
MADRID 6 ▮ D3

Blickfang des stadtgeschichtlichen Museums an der nahen Calle de Fuencarral ist sein üppig verziertes Barockportal, das Pedro de Ribera im Jahr 1726 gestaltete. Das frühere Hospicio de San Fernando, 1674 von Maria von Österreich gestiftet,

Das prächtige barocke Portal des Museo de Historia, des Städtischen Museums, von 1726

beherbergt seit 1929 eine interessante Sammlung zur Stadtgeschichte. Viele Objekte, Kunstwerke, historische Stadtpläne und Modelle zeigen die Entwicklung von der Steinzeit bis in die Gegenwart. Liebevoll ausgestattet sind die Arbeitszimmer des Schriftstellers Ramón Gómez de la Serna (1888–1963) und des Chronisten und Begründers der angrenzenden Stadtbibliothek, Ramón de Mesonero Romanos (1803–1882).

Unter den Gemälden des Museums verdient Goyas »Alegoría de la Villa de Madrid« (1810) besondere Beachtung, das im Laufe der Zeit und im Zuge der wechselnden politischen Situation mehrfach übermalt wurde (Fuencarral 78, Di–So 9.30–20 Uhr, Eintritt frei).

PLAZA DEL DOS DE MAYO ⭐ 📖 C3

Jenseits der Calle de Fuencarral liegt das lebhafte Zentrum des Handwerkerviertels Malasaña, die Plaza del Dos de Mayo. Der Tag verläuft hier in zwei Akten: Solange es hell ist, gehört die Plaza den alteingesessenen Bewohnern des Viertels. Nach Sonnenuntergang übernehmen *rockeros, punkis, girlies* und Angehörige anderer jugendlicher *tribus* (»Stämme«) die Bühne. An Sommerwochenenden belagern Szenefreaks Straßen und Plätze zwischen Glorieta de Bilbao und Calle San Vicente Ferrer – das ganze Viertel wird zur Open-Air-Bühne (auf den Geldbeutel achten!). Um den nächtlichen Lärm einzudämmen, verbietet seit 2002 ein Gesetz den Konsum alkoholischer Getränke außerhalb von Lokalen. Komplett durchgesetzt hat sich die »Ley Anti-Botellón« (= Anti-Flaschen-Gesetz) jedoch in Malasaña noch nicht – zum Missfallen vieler Anwohner.

AM ABEND

Einige Klassiker der wilden Aufbruchsstimmung der 1970er- und 1980er-Jahre existieren noch rund um die Plaza, z. B. die Disko-Pubs **Vía Láctea** (Velarde, 18) **Maravillas Especta Club** (Ferrer, 33, www.maravillas club.com), **Penta** (Palma, 4, www.elplenta. com) sowie die Cafés **Comercial** (Glorieta de Bilbao, 7) und **de Ruiz** (Ruiz, 11).

Wer sich tagsüber im Handwerker- und Kneipenviertel Malasaña umsieht, wird reizvolle historische La-

denfassaden mit Fliesenbildern und Emailschildern entdecken, z. B. an der Ecke San Andrés und San Vicente Ferrer die alte Apotheke **Laboratorio Juanse** (seit 1892) und die **Antigua Huevería.** Wo früher mit Eiern gehandelt wurde, hat sich ein Restaurant eingerichtet (San Vicente Ferrer 32).

Am Südrand der Plaza, an der Calle Dos de Mayo, steht die **Iglesia de los Santos Justo y Pastor 7** C3, auch bekannt als Iglesia de Nuestra Señora de las Maravillas (»Kirche der Wunder«). Sie gehörte früher zu einem im 19. Jh. abgerissenen Karmeliterinnenkloster. Ihr zweiter Name, der zeitweise für ganz Malasaña gebräuchlich war, geht auf die angeblich wundertätige

Die Plaza del Dos de Mayo am Abend

Madonna am barocken Hochaltar der kleinen Kreuzkuppelkirche zurück (Plaza Dos de Mayo, 11, tgl. 8.30–13, 18–20.30 Uhr).

SHOPPING

Ein noch bestehendes Kloster passiert man an der Calle de San Bernardo/Ecke Calle Daoiz: Im **Convento de las Salesas Nuevas** **8** ▮ C2 von 1798 verkaufen die freundlichen Schwestern hausgemachtes Gebäck; wer davon kosten möchte, der läute am Eingang mit der Hausnummer 72 (2° Monasterio de la Visitación, Salesas).

An der Calle de San Bernardo erhebt sich die **Iglesia Nuestra Señora de Montserrat** **9** ▮ C2, die einer Benediktinerabtei als Kirche diente. Im Zuge der Säkularisierung vieler Klöster im 19. Jh. machte die Stadt aus dem Ort des Gebets kurzerhand einen Ort der Bestrafung: Bis 1920 diente er als Frauengefängnis. Merkwürdig linkslastig wirkt die Hauptfassade mit dem wuchtigen Rokokoturm von Pedro de Ribera (1704), da der geplante Zwillingsturm nie ausgeführt wurde (San Bernardo, 79).

PLAZA DE LAS COMENDADORAS **10** ▮ C3

Die Calle de Quiñones führt auf die hübsche Plaza de Comendadoras. Rechts liegt ein großes Kloster des weiblichen Zweigs des Santiago-Ordens. In der zugehörigen **Iglesia de las Comendadoras de Santiago,** in die Philipp IV. im Jahr 1650 Nonnen berufen hatte und die im 17. Jh. durch die Architekten Manuel und José del Olmo erbaut wurde,

erinnert das Bildnis des hl. Jakob als Maurentöter *(Santiago matamoros)* an die Bedeutung des Ritterordens in der Reconquista. Francisco de Moradillo errichtete ab 1746 die große Sakristei. Unter der Kuppel der in Kreuzform angelegten Kirche wurden Flaggen des Santiago-Ordens platziert, die die Namen historischer Schlachten gegen die Mauren tragen (Plaza de las Comendadoras, 10).

CUARTEL DEL CONDE DUQUE **11** ▮ B/C2

Über die Calle Cristo erreicht man den lang gezogenen Bau des Cuartel del Conde Duque an der gleichnamigen Straße. In der einstigen Kaserne, 1717–1730 von Pedro de Ribera für die königliche Garde Felipes V. erbaut, wird längst nicht mehr exerziert.

💬 GANZE ARBEIT

Als die Bautrupps in den 1950er-Jahren endgültig aus der Gran Vía abgezogen waren, zogen die Stadtplaner Bilanz: 14 Altstadtgassen waren verschwunden, 311 Häuser abgerissen, 61 799 m² Erde bewegt und 44 leere Grundstücke zubetoniert worden. Die Abrissbirne verschonte lediglich Kirchen, daher verläuft der Boulevard nicht schnurgerade. Kaum vorstellbar: Bürgermeisterin Carmena will den Boulevard ab dem Jahr 2020 zur Fußgängerzone machen!

MADRID SCHLÄFT NICHT

¡Viva la Noche! – die Nächte in Madrid sind lang

Das verrückte Nachtleben der spanischen Hauptstadt ist längst kein Geheimtipp mehr: Viele Besucher kommen gerade wegen der nicht enden wollenden Stunden zwischen Mitternacht und Sonnenaufgang immer wieder nach Madrid. Ob die Stadt tatsächlich die größte Dichte an Kneipen, Bars und Nachtklubs in Europa aufweist, wie Einheimische gern behaupten, lässt sich zwar nicht beweisen. Aber glauben werden es alle, die Madrider Nächte selbst erlebt haben – von Stadtteil zu Stadtteil.

HUERTAS

Mit zahllosen *tabernas, tascas* und *cervecerías* ist das Altstadtviertel zwischen Puerta del Sol und Paseo del Prado eines der populärsten und gemütlichsten Ausgehreviere im Zentrum. Rund um die Plaza de Santa Ana verabredet man sich meist schon am frühen Abend. In Huertas gibt es weder Türsteher noch eine Kleiderordnung oder irgendwelche Altersgrenzen. Viele Lokale bestehen seit Jahrzehnten unverändert und unberührt von irgendwelchen Moden, so z. B.:

- **Café Berlin** ▮ C 4
  Beliebte Jazzkneipe mit nationalem und internationalem Liveprogramm.
  Jacometrezo, 4 | Ⓜ Callao
  Tel. 915 21 57 52 | www.berlincafe.es

CHUECA

Das Barrio zwischen Gran Vía und Plaza de Chueca ist Heimat der Schwulen- und Lesbenszene – aber nicht ausschließlich. In den vielen originellen Klubs und Bars fühlen sich Künstler, Film- und Medienleute jeden Alters wohl, ob Homo oder Hetero.

- **Fábrica Maravillas** 📕 D3
  Ein Herz für Biere: Das Pub schenkt
  selbst gebrautes Craft Beer aus – unbe-
  dingt probieren!
  Valverde, 29 | Ⓜ Chueca
  Tel. 915 21 87 53
  www.fmaravillas.com
- **Lola09** 📕 D3
  Cocktailbar, Kleinbühne, Restaurant. Al-
  les sehr kreativ und cool.
  San Mateo, 28 | Ⓜ Tribunal
  Tel. 913 10 66 95 | www.olelola.com
- **La Terraza de Óscar** 📕 D3
  Die Poolbar des Hotels Room Mate Óscar
  ist im Viertel ein In-Treff.
  Pl. Pedro Zerolo, 12 | Ⓜ Chueca
  Tel. 917 01 11 73
- **La Boca del Lobo** 📕 D4
  Eng und gemütlich, interessantes Kultur-
  programm: Konzerte, Lesungen, Ausstel-
  lungen.
  Echegaray, 11 | Ⓜ Sevilla
  Tel. 915 28 88 38
- **Glass Bar** 📕 D4
  Schicker Club im Designerhotel Urban;
  Treffpunkt der »beautiful people«.
  Ctra. San Jerónimo, 34
  Ⓜ Sevilla | Tel. 917 87 77 70

MALASAÑA

Rund um die Metrostationen Alonso
Martínez und Bilbao schlägt sich vor
allem die Jugend die Nächte um die
Ohren. Weil die meist winzigen und
lauten Disko-Pubs schnell zum Bers-
ten voll sind, versammelt man sich
zum Palavern, Flirten und Feiern
unter freiem Himmel.

- **Nasti** 📕 C3
  Beliebter Club mit viel Funk und House.
  San Vicente Ferrer, 33 | Ⓜ Tribunal
  Tel. 915 21 76 05
  www.nasti.es

- **Ya'sta** 📕 D3
  Hier wird neben House und Techno alles
  gespielt, was tanzbar ist.
  Valverde, 10 | Ⓜ Gran Vía
- **Sala Dink** 📕 C3
  Kleiner, origineller Club mit den neues-
  ten elektronischen Sounds.
  Amaniel, 13 | Ⓜ Noviciado

LA CASTELLANA UND SALAMANCA

Entlang des großen Boulevards und
zwischen den großbürgerlichen
Wohnblocks des Viertels Salamanca
erstrecken sich die Reviere der *gen-
te guapa,* der Schicken, Schönen
und all derer, die sich dafür halten.
Diskos mit strengen Türstehern, un-
durchschaubaren Dresscodes und
perfektem Design bestimmen hier
das Bild.

LAVAPIÉS

Als Biotop für Bohemiens und (Le-
bens-)Künstler liegt das frühere Judenviertel im Trend; Zuwanderer
aus Lateinamerika und Nordafrika
sorgen für den gewissen exotischen
Touch. Abends machen Cafés, fami-
liäre Bars und kleine Musikbühnen
den Charme des Barrio aus.

- **Café de Ratas** 📕 D5
  Alternative Café- und Cocktailbar in ehemaligem Gemüseladen, netter Nachbar-
  schaftstreff mitten Lavapiés.
  Salitre, 44 | Ⓜ Lavapiés
  https://cafe-de-ratas.negocio.site
- **Nuevo Café Barbieri** 📕 D5
  Schönes altes Café mit Plüsch, Spiegeln
  und dunklem Holz. Ein Treffpunkt der
  alternativen Szene.
  Ave María, 45 | Ⓜ Lavapiés
  Tel. 915 27 36 58

Das Kulturzentrum lädt zu Veranstaltungen aus verschiedenen Kulturbereichen und Kunstausstellungen ein (Centro Cultural Conde Duque, Conde Duque, 11, Tel. 917 22 05 73, www.condeduquemadrid.es, Di–Sa 10.30–14, 17.30 bis 21, So, Fei 10.30–14 Uhr).

Die städtische Bibliothek, das historische Archiv und das städtische Zeitungsarchiv (Hemeroteca) haben ebenso in den früheren Soldatenunterkünften ihren Platz gefunden. Der mittlere der drei Innenhöfe dient als Bühne für Freiluftkonzerte und Veranstaltungen beim jährlich stattfindenden Madrider Kultursommer *(Veranos de Villa)* › S. 65.

In der Alten Universität mit schönem Innenhof tagt heute das Stadtparlament

PALACIO DE LIRIA 12 ▮ B2

Ventura Rodríguez erbaute im Jahr 1780 den barocken Palacio de Liria direkt neben der Kaserne. Der imposante Bau in einer Parkanlage ist Eigentum der Herzöge von Alba. Er beherbergt eine kostbare Pinakothek, u. a. mit Werken von El Greco, Rembrandt und Velázquez (Eingang Princesa, 20, Besichtigung Fr um 10, 11 und 12 Uhr nur im Rahmen von Führungen nach Voranmeldung unter Tel. 915 48 15 50, visitas@fundacioncasadealba.com oder per Kontaktformular unter www.fundacioncasadealba.com.

CALLE SAN BERNARDO ▮ C2/3

Zurück in Richtung Gran Vía gelangt man entweder über die Calle de la Princesa und die Plaza de España oder über die Calle de San Bernardo mit einigen beachtenswerten Palästen. Das Parlament der Comunidad de Madrid tagt im Gebäude der **Alten Universität** 13 ▮ C3. Die traditionsreiche Universidad de Alcalá de Henares wurde 1836 nach Madrid verlegt.

An der Ecke zur Calle del Pez steht der **Palacio Bauer.** Das Stadtpalais von 1740 diente als Residenz der Marqueses de Mejorada. Ende des 19. Jhs. wurde es für den Gesandten des Bankhauses Rothschild restauriert. Als Teil des Madrider Konservatorium ist in den Räumlichkeiten die Gesangshochschule untergebracht (San Bernardo, 44).

Die **Farmacia Delueze Isasi** ist eine schöne Apotheke aus dem 19. Jh. mit verspieltem Rokoko-Dekor (San Bernardo, 39).

LITERATENVIERTEL UND RASTRO

Im Dichterviertel finden sich viele kleine Sträßchen rund um die Plaza de Santa Ana

»El Barrio de los Genios«, so wird das Dreieck zwischen Puerta del Sol, Parlament und Paseo del Prado im Volksmund genannt. Aber was ist das Geniale an diesem Teil der Altstadt? Auf die politischen Entscheidungsträger im altehrwürdigen Plenum des Abgeordnetenhauses beziehen die Madrilenen diesen Titel sicher am wenigsten. Schon eher könnte dieses Prädikat zutreffen auf die hervorragende Qualität von Tapas und Weinen, die man hier bei einem Streifzug von Bar zu Bar, von Taverne zu Taverne prüfen und kosten kann.

Als populärster Sammelplatz für Nachtschwärmer erweist sich die gemütliche Plaza de Santa Ana im Herzen von Huertas, wie das Literatenviertel eigentlich heißt. Auf den wahren Grund für den viel versprechenden Beinamen stößt rasch, wer unterwegs die Namen der schmalen Straßen und Gassen aufmerksam registriert: Cervantes, Lope de Vega, Tirso de Molina. Die ganz Großen unter den Dichtern des Siglo de Oro lebten hier. Noch heute kann man den Spuren ihres Lebens im Barrio begegnen, wo immer man hinblickt.

Der zweite Teil des Rundgangs führt in die *barrios bajos,* in die »Niederungen« der südlichen Altstadt. Diese früher gebräuchliche Bezeichnung bezog sich keineswegs nur auf die tiefere topografische Lage des Areals nahe dem Río Manzanares, sondern auch auf seinen sozialen Rang innerhalb der Stadthierarchie.

Wie ein Glasscherbenviertel mag Lavapiés zwar auf den ersten Blick heute noch wirken, aber hinter der leicht abgeblätterten Fassade verbirgt sich eine liebenswerte Kleine-Leute-Gegend mit intakten Nachbarschaftsbeziehungen und viel Madrider Flair. In keiner anderen Gegend gibt es mehr altmodisch ausgestattete Geschäfte und Bodegas. Ein paar exotische Farbtupfer zur beinahe provinziellen Stimmung im Viertel tragen Einwanderer aus Afrika, Lateinamerika und aus dem Orient bei. Zur kontrastreichen Melange passt der bunte Flohmarkt Rastro am Sonntag.

Jugendstilglaskuppel im Westin Palace

TOUR DURCH DAS LITERATEN-VIERTEL

LITERATENVIERTEL UND RASTRO

VERLAUF: Puerta del Sol › Plaza de las Cortes › Casa Lope de Vega › Plaza de Santa Ana › Plaza de Lavapiés › Plaza de Cascorro (Rastro) › Puente de Toledo › Madrid Río › Cementerio de San Isidro

KARTE: Seite 102
DAUER: 3–5 Stunden (sonntags mit Rastro-Besuch als ganztägige Tour).
PRAKTISCHE HINWEISE:
- Start ist Puerta de Sol (Ⓜ Sol) Endpunkt Ⓜ Puerta de Toledo.
- Wer die Tour an einem Sonntag machen möchte, beginnt am besten gleich morgens mit dem Rastro-Bummel an der Metrostation La Latina. Gelegenheiten zum ausgiebigen späten Frühstück gibt es unterwegs reichlich.

TOUR-START: ZUR PLAZA DE LAS CORTES ▯ D4

Von der Puerta del Sol folgt man zuerst der Carrera de San Jerónimo nach Osten. Der politische Mittelpunkt des demokratischen Spanien liegt an der Plaza de las Cortes: Das neoklassizistische **Kongressgebäu-** de **1** ▯ D4 *(Palacio del Congreso de los Diputados),* 1843 von Narciso Pascual y Colomer begonnen, beherbergt den Sitzungssaal der Ersten Kammer des Parlaments.

Sechs korinthische Säulen, darüber ein Marmorrelief und zwei flankierende Bronzelöwen aus eingeschmolzenen Beutekanonen aus dem Marokkokrieg (1860), verleihen dem 1994 erweiterten Bau das Aussehen eines antiken Tempels. Das Portal unterhalb der Säulen wird lediglich auf Geheiß des Königs zu besonderen Anlässen geöffnet. Bei der Führung wird auch das Plenum mit den altmodischen Sitzreihen – blau für Minister, rot für die einfachen Abgeordneten – gezeigt (Carrera de San Jerónimo, s/n, Tel. 913 90 65 25, www.congreso.es, Fr 12 und Sa 10.30–12.30 Uhr; Ausweis mitbringen!)

ZWISCHENSTOPP: RESTAURANT
Lhardy ❶ €€€ ▯ D4
Im traditionsreichen Madrider Delikatessengeschäft von 1839, sollte man sich wenigstens einen Sherry im Stehen oder eine Tasse Consommé *(caldo)* aus dem silbernen Samowar leisten – es muss ja nicht gleich ein raffiniertes Menü im stilvollen Restaurant sein › S. 41.
- Carrera de San Jerónimo, 8 | Ⓜ Sol Tel. 915 21 33 85 | www.lhardy.com

Gegenüber dem Parlament, an einer begrünten kleinen Plaza, wurde

Cervantes 1835 mit einem Bronzestandbild von Antonio Solá geehrt. Von hier reicht der Blick entlang der nun sanft abfallenden Carrera de San Jerónimo bis zum Paseo del Prado mit dem abends beleuchteten Neptunbrunnen und der Iglesia San Jerónimo el Real im Hintergrund.

Das **Hotel Westin Palace** › S. 32 an der Ecke zur Calle del Duque de Medinaceli bietet seit 1913 seinen Gästen, darunter viel Politprominenz, allen erdenklichen Luxus. Wer hier nicht logiert, sollte aber zumindest beim Nachmittagstee einen Blick auf die wunderbare Jugendstilglaskuppel über dem Foyer werfen.

Gegenüber am **Edificio Plus Ultra** **2** ▮ D4 (1911) setzt sich täglich um 12 und 20 Uhr ein Glockenspiel mit originellen Figuren in Bewegung. So führt etwa die Herzogin von Alba ihr Hündchen aus.

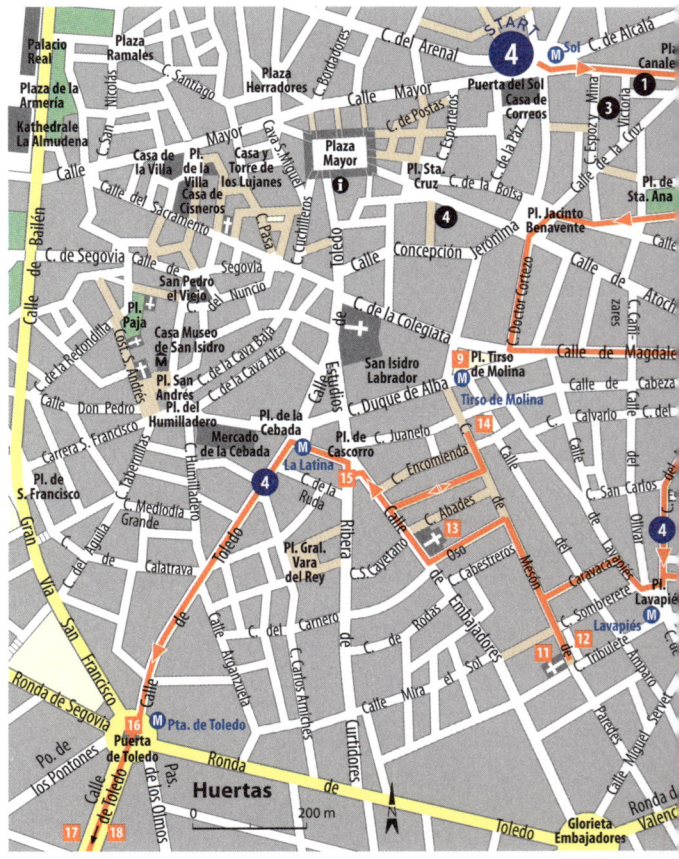

WUNDERTÄTIGER HEILAND

In der Calle del Duque de Medinaceli stößt man an der Plaza de Jesús nicht nur auf La Dolores › S. 38, einen der schönsten und ältesten Tapas-Tempel des Viertels, sondern auch auf die **Iglesia del Cristo de Medinaceli** 3 ▮ D4 (1920). Jeden Freitag strömen die Gläubigen hierher, um die langhaarige Christusstatue über dem Altar inbrünstig zu verehren. Die Figur soll im 16. Jh.

unter abenteuerlichen Umständen aus Marokko gerettet worden sein. Es heißt, das Haar des wunderwirkenden Heilands wachse von selbst nach (Plaza de Jesús, 2).

TAPAS-BAR
Taberna La Dolores
Sehr beliebte hundertjährige Bar mit augezeichneten Tapas (Spezialität: *Boquerones,* eingelegte Sardellen) und prima Bier.
• Pl. de Jesús, 4 | Ⓜ Sol Tel. 914 29 22 43

TOUR DURCH DAS LITERATENVIERTEL

TOUR 4

SÜDLICHES ZENTRUM
1 Kongressgebäude
2 Edificio Plus Ultra
3 Iglesia del Cristo de Medinaceli
4 Las Trinitarias Descalzas
5 Casa de Lope de Vega
6 Real Academia de la Historia
7 Ateneo
8 Teatro Español
9 Plaza Tirso de Molina
10 Iglesia de San Lorenzo
11 Iglesia del Convento de las Escuelas Pías de San Fernando
12 Corrala
13 Iglesia San Cayetano
14 Taberna de Antonio Sánchez
15 Plaza de Cascorro
16 Puerta de Toledo
17 Madrid Río
18 Cementerio de San Isidro

LAS TRINITARIAS
DESCALZAS 4 ▮ D5

Südlich der Plaza de Jesús trifft man auf die Calle Lope de Vega. Es passt zu den viel zitierten Merkwürdigkeiten des Viertels, dass der Straßenname nicht, wie man vielleicht annehmen könnte, auf den Schöpfer des berühmten »Don Quijote«, Miguel de Cervantes, Bezug nimmt, obwohl dieser hier begraben liegt. Der Name der Straße bezeichnet vielmehr die Kirche, in der die Gebeine des Dichterfürsten an einer heute nicht mehr genau feststellbaren Stelle in der barocken Klosterkirche **Las Trinitarias Descalzas de San Ildefonso** (1694) ruhen. Dem angesehenen Orden der Barfüßigen Trinitarierinnen gehörten auch die Töchter von Cervantes und Lope de Vega an. Sehenswert in der Kirche sind der churriguereske Hochaltar sowie einige Gemälde von Alonso del Arco und Ximénez Donoso (Lope de Vega, 18, nur zu den Messezeiten zugänglich).

CASA DE LOPE
DE VEGA 5 ⭐ ▮ D5

Parallel zur Calle Lope de Vega verläuft die Calle Cervantes, an der paradoxerweise die Casa de Lope de Vega zu finden ist. Der erfolgreichste Bühnenautor seiner Zeit wohnte hier um 1610–1635. Das zweistöckige Backsteinhaus wurde zum Museum umgestaltet. Mit größtenteils originaler Möblierung und dem hübschen Brunnenhof vermag es einen guten Eindruck vom Leben im 17. Jh. zu vermitteln (Cervantes, 11, Di–So 10–18 Uhr, Eintritt frei).

Lope de Vega selbst führte ein Leben wie in einem turbulenten Barockdrama: Als Jugendlicher floh er aus dem Jesuitenkolleg, zog 15-jährig in den Krieg gegen die Portugiesen, studierte wenig später Theologie an der Universität von Alcalá de Henares. 1588 wurde er als Marinesoldat Zeuge des Untergangs der spanischen Armada. Zurück in Madrid, verdingte er sich als Sekretär und Kuppler des Herzogs von Alba, verlegte sich aufs Schreiben und gab 40 Jahre lang in der Theaterlandschaft den Ton an.

Nach dem Tod seiner zweiten Frau wurde Lope de Vega, aus dessen Feder nach eigenem Bekunden 1500 Bühnenstücke stammen (erhalten sind 470), Mitglied des Johanniterordens und zum Priester geweiht, obwohl er als Stammgast im Freudenhaus von Huertas bekannt war. Wegen seiner Affären wurde Lope de Vega zeitweise sogar aus Madrid verbannt. Dessen ungeachtet liebte das einfache Publikum in den Hinterhoftheatern, den *Corrales,* seine volkstümlich-bissigen Komödien über alles. Inzwischen Doktor der Theologie, schlüpfte der Poet zum Lebensende in die Rolle des Büßers und geißelte sich im Alter von 72 Jahren eigenhändig zu Tode.

REAL ACADEMIA DE LA
HISTORIA 6 ▮ D5

An der Calle del León Ecke Calle de las Huertas hat die **Real Academia de la Historia** ihren Sitz. Der im Stil des frühen Klassizismus gehaltene Bau von Juan de Villanueva (1788)

Die Plaza de Santa Ana ist idealer Startpunkt für ausgedehnte Tapas-Touren

beherbergt die Bibliothek der Königlichen Historischen Akademie, mit 200000 Bänden die bedeutendste ihrer Art in Spanien (Léon, 21, www.rah.es, Lesesaal Mo–Fr 8.30–15.30 Uhr, Aug. geschl.).

Folgt man der Calle del León nach Norden, stößt man auf die Calle del Prado, die von zahlreichen Pensionen und Antiquitätenläden gesäumt wird.

ATENEO 7 ▐ D4

Eine herausragende Rolle im Kulturleben Madrids spielt das Ateneo, das seit 1884 im Haus Nr. 21 residiert. 1835 gegründet (erstes offizielles Mitglied: der Autor Mariano José de Larra), dient der Verein seither als Akademie, Bildungsanstalt und Literaturklub.

Vor dem Spanischen Bürgerkrieg trafen sich hier liberale Intellektuelle, fortschrittliche Bürger, Freimaurer und unabhängige Wissenschaftler zum anregenden Diskurs. In zahlreichen spanischen Städten entstanden Ableger nach dem Madrider Vorbild. Obwohl Franco den Liberalismus unterdrückte, bot das Athenäum auch während der Diktatur der Opposition ein Forum.

Bis heute finden im schönen Café des Hauses die traditionellen Debattierrunden *(tertulias)* statt. Viele Veranstaltungen und Vorträge sind auch für die Öffentlichkeit zugänglich (del Prado, 21, www.ateneode madrid.com).

PLAZA DE SANTA ANA ★ ▐ D4

Jenseits der Kreuzung mit der Calle Echegaray, benannt nach dem Politiker und Literaturnobelpreisträger von 1904, José Echegaray (1832–1916), öffnet sich dieser immer lebendige Platz mit dem Calderón-Denkmal von 1880 und der Statue des Dichters García Lorca (1898 bis 1936) aus dem Jahr 1986.

In der Filmoteca Español (Cine Doré)
werden seit über 50 Jahren Filme gezeigt

HOTEL

Me Madrid Reina Victoria €€€ 📖 D4
Das frühere Grandhotel Reina Victoria mit
seiner verglasten Gründerzeit-Fassade
glänzt seit dem Umbau von 2008 mit einer
spektakulären Dachterrasse.
• Pl. de Santa Ana, 14
  Ⓜ Tirso de Molina bzw. Ⓜ Sol
  Tel. 917 01 60 00 | www.melia.com

Das andere Ende der Plaza nimmt
das **Teatro Español** 8 📖 D4 ein.
Hier amüsierten schon im 16. Jh. im
Corral de Comedias del Príncipe
Theatergruppen das Volk. Das heu-
tige Gebäude geht auf einen Entwurf des Madrider Architekten Juan
de Villanueva (1802) zurück, der
auch den Prado entwarf. Inszeniert
wird vorwiegend das klassische spanische Drama › S. 44.

AM ABEND

Ganz andere Klassiker ziehen Abend für
Abend mindestens genauso viel Publikum
an: Die Tavernen **Cerveceria Alemana**
› S. 38, **Cerveceria Santa Ana** (Pl. de Santa Ana, 10), das Jazzlokal **Café Central** an
der benachbarten Plaza del Ángel (Nr. 10)
und die urigen Lokale **Villa Rosa** (Tablao),
Pl. de Santa Ana, 15, und **Viva Madrid**, Manuel Fernández y González, 7, können als
veritable Sehenswürdigkeiten gelten.

ZWISCHENSTOPP: RESTAURANTS

Taberna La Venencia 2 📖 D4
Manzanilla, ein elegant-trockener Sherry,
ist eines der beliebtesten Getränke im Ausgehviertel Huertas. Den vielleicht besten
Manzanilla Madrids und leckere Oliven-Ta-
pas dazu gibt es in der puristischen Taverne. › mehr S. 14 Punkt 12
• Echegaray, 7 | Ⓜ Sevilla | Tel. 914 29 73 13

Leckere Paella und pikante *patatas bravas*
unterm Sonnendach servieren die Lokale
an der **Pasaje Matheu** 3 📖 D4, einer
schmalen Passage.

Hammam Al Andalus 4 €€€ 📖 C5
Luxuriöses türkisches Hamam-Bad mit
Restaurant und Bauchtanzvorführungen.
Unter der Woche serviert das Restaurant
mittags orientalische Fusion-Küche auch
als preiswertes Menú del día.
• Atocha, 14 | Ⓜ Tirso de Molina
  Tel. 914 29 90 20
  www.madrid.hammamalandalus.com

PLAZA TIRSO DE MOLINA 9 📖 C5

Über die Calle de las Huertas ge-
langt man auf die Plaza Jacinto
Benavente und zur Plaza Tirso de
Molina. Hier steht ein Denkmal für

den Missionar des Mercedarierordens, der mit seinem »Verführer von Sevilla« (1617) einen Mann mit ausschweifendem Sexualleben für die Ewigkeit ersann – als Don Juan verunsichert er seither die Bühnen der Welt.

An der Calle de Magdalena sticht die hübsche Jugendstilfassade des **Cine Doré** heraus. Das Kino, 1923 eröffnet, ist Sitz der Filmoteca Española und zeichnet sich sowohl durch sein exquisites Programm als auch durch wunderschöne renovierte Säle aus > S. 91.

INS VIERTEL LAVAPIÉS

Die steil abfallende Calle del Ave María führt direkt ins Barrio Bajo, nach Lavapiés. Sie quert anheimelnde Gassen wie die Calle del Olmo (»Straße der Ulme«) oder Calle de Tres Peces (»Straße der drei Fische«), deren sprechende Namen auf Anekdoten aus dem früheren Judenviertel verweisen.

PLAZA DE LAVAPIÉS ⭐ 📖 D5

Der Name der Plaza, wie der des ganzen Stadtteils, leitet sich wahrscheinlich aus dem Hebräischen ab; *avapiés* soll so viel wie »Ort der Juden« bedeuten. Nach Zeugnissen der sephardischen Kultur sucht man vergebens, denn die Katholischen Könige zwangen 1492 alle Juden das Land zu verlassen oder zu konvertieren.

Wo damals die Synagoge brannte, steht heute die bescheidene **Iglesia de San Lorenzo** 🔟 📖 D5. Von jeher ein Gotteshaus der Armen, ist es ebenfalls als Templo de las Pulgas (»Tempel der Flöhe«) bekannt (Dr. Piga, 4).

Die Atmosphäre des Viertels erschnuppert man, wenn man der Calle Lavapiés ein Stück nach Norden folgt. Altersgraue Häuser mit farbigen Blumenschmuck, aufgehängte Wäsche auf winzigen Balkonen, Kramerläden, Gemüsehändler und Stehkneipen säumen die Straße. Man kennt sich, grüßt freundlich und hat offenbar immer Zeit für einen kurzen Plausch.

Ein ungewöhnliches Bild bietet sich an der Calle Mesón de Paredes: Die **Iglesia del Convento de las Escuelas Pías de San Fernan-**

💬 **CALLE DE LA CABEZA**

Häufig zu hören ist die schauerliche Geschichte der »Straße des Kopfes«: Ein Pfarrer, der hier wohnte, wurde Opfer eines Raubüberfalls. Um keinen Zeugen zu hinterlassen, köpfte der Verbrecher den Gottesmann. Als der Mörder Jahre später beim Fleischer einen Lammkopf erstand, wollten neugierige Nachbarn wissen, was er in seinem blutigen Tuch verberge. Er öffnete es arglos und blickte in die starren Augen des Pfarrers. Dem Wahnsinn nahe gestand der Schurke seine Tat und verlor kurz darauf das eigene Haupt auf dem Richtblock. Als das Corpus delicti nochmals untersucht wurde, enthielt das Bündel bloß einen Lammkopf.

do **11** 📖 D5, eine ehemalige Klosterkirche aus dem 18. Jh., wurde zu Beginn des Spanischen Bürgerkriegs wie viele Einrichtungen der als reaktionär eingestuften katholischen Kirche von Anarchisten geplündert und niedergebrannt. Franco sorgte dafür, dass die Ruinen als Mahnmal gegen die »linke Gefahr« erhalten blieben. Den Rahmen für den weiten Platz vor dem hohlwangigen Gemäuer bilden Mietshäuser, wie sie für die Volksarchitektur der *barrios bajos* so typisch sind.

Das schönste Original einer solchen **Corrala** **12** ⭐ 📖 D5 steht schräg gegenüber, auf der anderen Seite der Calle Mesón de Paredes: Charakteristisch für die Bauweise nach dem Vorbild andalusischer Innenhöfe sind die hölzernen Galerien, von denen aus die engen Behausungen zu betreten sind. Der Block entstand 1839 und wurde zuletzt 1979 renoviert.

Wer während des Festsommers Veranos de la Villa › S. 65 in Madrid zu Gast ist, sollte sich die stimmungsvollen Zarzuela-Aufführungen im Hof der Corrala nicht entgehen lassen. Sie lohnen einen Besuch nicht nur des Ambientes wegen.

IGLESIA SAN CAYETANO **13** ⭐ 📖 D5

Zwei Querstraßen weiter nördlich führt die Calle del Oso zur Iglesia San Cayetano (Eingang Calle de Embajadores). Die beeindruckende siebenachsige Hauptfassade entwarfen Marcos López und Pedro de Ribera (17. Jh.), das Portal mit den zwei stilisierten Glockentürmen

wird José Benito Churriguera zugeschrieben – das monumentale Ensemble stellt quasi die Quintessenz des Madrider Hochbarock dar. Leider haben nur die Außenmauern den Bürgerkrieg überstanden, Innenraum und Kuppeln wurden in den 1960er-Jahren renoviert.

Der Patron der Theatinerordenskirche gilt als Schutzheiliger von Lavapiés. Die volkstümliche Fiesta an seinem Gedenktag, dem 7. August, bringt mit Prozession, Musik und Tanz die Straßen rund um San Cayetano zum Vibrieren.

Wem nach einer kleinen Stärkung zumute ist, der sollte zur Calle Mesón de Paredes zurückkehren. Hinter der Nr. 13 verbirgt sich eines der ältesten und originellsten Lokale Madrids, **La Taberna de Antonio Sánchez** **14** 📖 C5. 1830 eröffnet, war sie zuerst im Besitz des *Picador* Colita (Lanzenreiter beim Stierkampf) und wurde später von dem bekannten Matador Antonio Sánchez übernommen. Als Sánchez seine ruhmreiche Karriere nach einem Unfall in der Arena aufgeben musste, widmete er sich ganz seinem kleinen Lokal, das er liebevoll mit Stierkampf-Memorabilien, selbst gemalten Bildern und zwei Stierköpfen schmückte.

Schriftsteller wie Miguel de Unamuno und Ramón María del Valle-Inclán waren Stammgäste. Heute zieht es nicht zuletzt Touristen an den verzinkten Holztresen, wo noch immer ein sauberer Valdepeñas ausgeschenkt und als Imbiss *rabo de toro* gereicht wird (Mesón de Paredes, 13) › S. 39.

RASTRO 5 ▮ C5

Buntes Treiben und dichtes Gedränge herrschen sonntagmorgens bis ca. 15 Uhr in dem Dreieck zwischen Calle de Embajadores, Calle de Toledo und Ronda de Toledo. Dann nämlich findet der berühmteste Trödelmarkt Spaniens statt, der Rastro. Bester Ausgangspunkt für einen ausgiebigen Bummel ist die **Plaza de Cascorro** 15 ▮ C5. Wo heute ein unübersehbares Angebot an Ramsch, Kleidung, Büchern und Antiquitäten bis zu 300 000 Besucher an einem Tag fasziniert, befand sich im Mittelalter das Viertel der Schlachter und Gerber.

Der Name Rastro, wörtlich übersetzt »Fährte«, soll von der Blutspur, die die geschlachteten Tiere in den Marktstraßen hinterließen, herrühren. Aber auch eine zweite Deutung (*rastrear* = etwas aufstöbern) ist möglich: Bis ins 18. Jh. reicht die Tradition, dass hier Gebrauchtwaren aller Art feilgeboten werden.

💬 MADRIDER ORIGINALE

Er: Betont aufrechter Gang, Schnauzbart, Pomade im Haar, perlweißes Hemd, kurze Jacke mit polierten Silberknöpfen, enge Hose, spitze Schuhe, stechender Blick. Sie: Spitzenbluse, darüber eine schwarze Seiden-Mantilla, wadenlanger bunter Rock, darunter Schichten von Unterröcken, die Haare kunstvoll hochgesteckt, raue Stimme, auf den Lippen ein leichtsinniges Na-wie-wär's-Lächeln. Manolo y Manola heißen die beiden, in Lavapiés wurden sie geboren und in Lavapiés holt man sie zu jeder Fiesta aus der folkloristischen Mottenkiste. Der Name dieser Volkstypen aus der Unterstadt stammt aus dem 17. Jh., als konvertierte Juden ihre Erstgeborenen bevorzugt Emanuel (Koseform: Manolo) tauften. Aus Alteingesessenen, *gitanos* und Zuwanderern aus Andalusien, Murcia oder La Mancha entwickelte sich ein eigener Menschenschlag im Barrio: stolz auf die niedere Herkunft, temperamentvoll und galant die jungen Männer, kess und schlagfertig die Mädchen; echte *manolos* und *manolas* eben.

Im 18. Jh. avancierten Haltung und Kleidung der adretten Underdogs, inzwischen *majo* respektive *maja* (»hübsch«, »nett«) genannt, zum modischen Vorbild der Oberstadt. Goya ging sogar so weit, seine (vermutliche) Geliebte, die Herzogin von Alba, als *maja* zu porträtieren; einmal bekleidet, einmal nackt – die zweite Version brachte ihm ein Verhör bei der Inquisition ein.

Ins Obskure changierte der Charakter der *majos* im 19. Jh. Aus den irgendwie doch sympathischen Latin Lovers wurden *chulos* oder *chulapos,* halbseidene Stenze und Strizzis. Der *chulo*, in Pepitaweste, Halstuch und flotter Kappe, hat ein loses Mundwerk, spricht den originärsten Madrider Dialekt und greift schnell zum Stilett. Zum noch immer lebendigen Mythos trägt bis heute die Zarzuela bei, denn auf der Operettenbühne geht ohne *majas* und *chulapos* rein gar nichts – Madrid bleibt eben gerne seinen schrägen Typen treu.

DINIEREN AUF RATEN

Tapas, Pinchos und Raciónes: Appetitliche Kleinigkeiten zum Glas Wein oder Sherry

König Alfonso el Sabio, »der Weise«, soll es gewesen sein, der im 13. Jh. seinen trunksüchtigen Soldaten zu jedem Humpen Wein ein Stück Brot verordnete. Ob der Monarch damit wirklich den urspanischen Kult um die herzhaften Tapas (»Deckel«) begründete? Sicher ist jedenfalls, dass der *tapeo,* die fast schon rituelle Jagd nach den leckeren Happen, ebenso untrennbar zum Tagesablauf der Hauptstädter gehört wie Goya zum Prado. Und für die Besucher Madrids sind Tapas ideal als Stärkung zwischen Sightseeing- und Shopping-Touren.

TAPAS-LEXIKON

• **Tapa:** Im eigentlichen Sinne die kostenlose Zugabe des Barmanns zur *caña* (Bier vom Fass) oder zum *chato* (Glas Wein): ein Stückchen Wurst, ein paar Anchovis, Oliven oder Käse.

• **Ración:** Die »Portion« ist die etwas größere Tapa, die man extra bestellt und bezahlt. Ideal zum Durchprobieren in der Gruppe.

• **Pincho:** Der »Spieß«, ein Verwandter der Tapa, ist z. B. ein Eckchen Tortilla, eine gegrillte Aubergine oder eine eingelegte Paprika, auf einem Zahnstocher aufgespießt.

• **Montadito:** Vielfältig belegte Weißbrotscheiben, etwa mit Wildlachs, Stockfisch, Gemüse oder Schinken. Nicht nur ein Augenschmaus!

• **La Barra:** Wer im Stehen am Tresen isst und trinkt, zahlt etwas weniger als am Tisch. Essensreste und Servietten werden einfach auf den Boden »entsorgt«.

TAPAS À LA CARTE

Die Fantasie der Köche und Barleute kennt keine Grenzen; immer neue Kreationen sorgen dafür, dass aus anspruchsvoller Laufkundschaft Stammgäste werden. An den bodenständigen Klassikern kommt freilich niemand vorbei, denn gerade daran erkennt der Experte die hohe Kunst der Tapas-Küche.

- **Patatas bravas:** knusprige Bratkartoffeln mit pikanter Knoblauchmayonnaise *(alioli)*
- **Boquerones:** Sardellenfilets gebacken *(fritos)* oder in Knoblauchessig eingelegt *(en vinagre)*
- **Gambas:** Garnelen in Knoblauchöl *(al ajillo)*, paniert *(rebozadas)* oder gegrillt *(a la plancha)*
- **Ensaladilla rusa:** Kartoffel-Gemüse-Salat mit Mayonnaise
- **Pimientos de Padrón:** grüne galicische Paprikaschoten vom Grill
- **Champiñones al ajillo:** in Olivenöl mit Knoblauch und Petersilie gegarte Champignons
- **Croquetas:** Kroketten mit Spinat, Stockfisch *(bacalao)*, Schinken oder Meeresfrüchten
- **Navajas:** Schwertmuscheln vom Grill
- **Albóndigas:** Hackfleischbällchen in Tomatensoße

MADRIDS TOP-ADRESSEN

Gut 20 000 *bares*, *tascas* und *tabernas* gibt es im gesamten Stadtgebiet, die Auswahl hinter den ungezählten blank polierten Glasvitrinen ist folglich unüberschaubar. Ehrensache, dass alle Madrilenen für jede ihrer Lieblingstapas die eine Spitzenadresse auf Lager haben. Als Neuling in der Szene hält man sich am besten an die vielen Traditionslokale im Zentrum > S. 38 und lässt sich ansonsten einfach genüsslich treiben. Es gibt viel zu tun, *¡Vamos de tapeo!*

- **La Casa del Abuelo** 📖 D4
  Seit 1906 eine der besten Adressen für frische Garnelen in Knoblauch oder *a la plancha*. > S. 29
  Victoria, 12 | Letras | Ⓜ Sol
- **Casa Alberto** 📖 D5
  Alteingesessen (seit 1827) und gemütlich: *caracoles* (Schnecken), *calamares fritos* und vieles mehr.
  Huertas, 18 | Letras | Ⓜ Antón Martín
  www.casaalberto.es
- **Juana La Loca** 📖 C5
  Leckere *pinchos* auf baskische Art.
  Pl. Puerta de Moros, 4 | La Latina
  Ⓜ La Latina
  www.juanalalocamadrid.com
- **La Taberna Errante** 📖 B5
  Tolle Auswahl, viel Qualität für kleines Geld.
  San Francisco, 8 | La Latina
  Ⓜ La Latina
- **Laredo** 📖 G4
  Schicke Enoteca und Restaurant. Am Tresen wundervolle Tapas-Kreationen.
  Dr. Castelo, 30 | Retiro | Ⓜ Ibiza
  www.tabernalaredo.com
- **Bocaíto** 📖 D3
  Die andalusische Bar serviert *montaditos,* vielfältig belegte Weißbrotscheiben.
  Libertad, 6 | Chueca
  Ⓜ Chueca | www.bocaito.com
- **El Brillante** 📖 E5
  Die Spezialität des Hauses genossen schon Hillary und Bill Clinton: *Bocadillo de Calamares*.
  Pl. Emperador Carlos V | Paseo del Arte
  Ⓜ Atocha | www.barelbrillante.es

MADRID GRATIS ENTDECKEN

Zu bestimmten Zeiten ist der Eintritt in manchen Museen frei, z. B.

- **Museo del Prado** 📷 E4/5 › S. 133
  Mo-Sa 18–20 und So 17–19 Uhr.
- **Museo Thyssen-Bornemisza**
  📷 D4 › S. 139, Mo 12–16 Uhr.
- **Museo Nacional Centro de Arte Reina Sofía** 📷 D/E5 › S. 141, Mo, Mi–Fr 19–21, Sa 14.30–21, So 10 bis 18 Uhr.
- **Palacio Real** 📷 B4 › S. 78
  Mo–Do 16–18 Uhr (Okt.–März), 18 bis 20 Uhr (April–Sept.) für Bürger der EU.
- **Teatro de Títeres** 📷 E4
  Gratis ist das Marionettentheater im Retiro-Park Mai–Sept. Sa und So um 18.30 Uhr (Programm und Infos: www.titirilandia.es).
- **El Matadero Madrid**
  Sämtliche Ausstellungen und viele Veranstaltungen im spannendsten Kulturzentrum › S. 44 der Stadt sind kostenlos zugänglich. Programm und Infos unter: www.mataderomadrid.org.
- Chill-Out-Zone im **CentroCentro**
  Zeitungen lesen, relaxen auf bequemen Sofas, freies WiFi – eine schöne Idee der Kuratoren des Palacio de Cibeles 📷 E4 › S. 118.
- **Banda Sinfónica Municipal**
  April–Sept. jeden Sonntag klassische Musik am Konzertpavillon (El Templete) im Retiro (Eingang Puerta de Alcalá) 📷 E4. Programm jeweils in den Samstagsausgaben der Tageszeitungen.

Auf einen echten Goya zum Schnäppchenpreis sollte niemand spekulieren, denn die rund 3000 Händler sind Profis. Das Sortiment hat sich in den letzten Jahren stark gewandelt; statt kurioser Fundstücke überwiegen längst Modeschmuck, CDs, Billigklamotten und Spielzeug »made in Taiwan«. Wer sich aber mit offenen Augen treiben lässt, geht am Ende vielleicht doch mit unverhoffter Beute nach Hause.

Die Warnungen, die von der Polizei ausgegeben werden, sich vor Dieben (von Kameras und Portemonnaies) in Acht zu nehmen, sollte man ernst nehmen! › mehr S. 19 Punkt **42**

Dass das wilde Durcheinander der Stände System hat, erkennt man, wenn man von der Rastro-Hauptader **Ribera de Curtidores** auch in die Nebengassen einbiegt. Richtiger Trödel wird etwa an der Calle Mira el Río Bajo ausgelegt. Rund um die Plaza General Vara del Rey wird Kleidung angepriesen, während an der Calle Carlos Arniches die Spezialisten für Möbel und Hausrat sitzen. Für Bücherwürmer empfiehlt sich die Plaza del Campillo del Mundo Nuevo.

Zum sonntäglichen Ritus gehört es, in einer der Bars im Dunstkreis des Rastro *churros con chocolate* zu frühstücken und später die Siesta mit Wein und Tapas einzuläuten.

Ein Rundgang lohnt sich auch unter der Woche, denn an der Ribera de Curtidores liegen zahlreiche Krämerläden *(almonedas)*.

PUERTA DE TOLEDO 16 🗺 B/C6

Der prätenziöse Triumphbogen sollte Joseph Bonaparte zur Ehre gereichen. Wegen der langen Bauzeit 1812–1827 wurde daraus nichts, sodass Fernando VII. das Siegestor nach Ende der Franzosenherrschaft ungeniert als Symbol seiner Regentschaft beanspruchen konnte.

MADRID RÍO 17 ⭐ 🗺 A2–6

Folgt man dem natürlichen Gefälle in Richtung Río Manzanares rund 500 m, stößt man auf die Steinbrücke **Puente de Toledo** (1719–1732), die die unverkennbare Handschrift von Pedro de Ribera trägt, dem Meister des Madrider Barock. Neun Bögen überspannen den Manzanares; dazwischen bilden Strebepfeiler halbrunde Balkone.

Madrid Río, der 2011 eröffnete Uferpark am Río Manzanares, ist Europas ambitioniertestes Begrünungsprojekt. Für mehr als 4 Mrd. Euro hat man eine Stadtautobahn unter die Erde gelegt, 35 000 Bäume gepflanzt, 33 Brücken saniert oder neu gebaut. Spielplätze und Spazierwege fügen sich harmonisch in die Parklandschaft ein. Der auffällige **Puente Monumental de Arganzuela** gilt als Madrids jüngstes Wahrzeichen. > mehr S. 16 Punkt 26

RADVERLEIH

Mi Bike Río 🗺 A2

Hier kann man Räder, E-Bikes oder Tandems für den »Ausritt« am Fluss mieten.
> mehr S. 13 Punkt 7
• Aniceto Marinas, 26
  Ⓜ Príncipe Pío | Tel. 911 39 46 52
  www.mibikerio.com

Das alte schwarz-rote **Estadio Vicente Calderón** wird abgerissen, denn Atlético Madrid ist seit 2017 im Estadio Metropólitano im Nordosten der Stadt zu Hause.

MADRIDS FRIEDHÖFE

Vom Südufer des Manzanares aus nimmt man entweder den etwa 20-minütigen Fußweg über den relativ eintönigen Paseo Quince de Mayo in Kauf oder fährt mit dem Taxi bis zum **Cementerio de San Isidro** 18 ⭐ 🗺 A6. Der größte und schönste Friedhof der Stadt wurde im Jahr 1811 angelegt. Die Grabtempel mancher Aristokraten- und Beamtensippen stehen ihren Stadtpalästen in puncto Pomp wenig

Modernes Wahrzeichen – die Arganzuela-Brücke im Uferpark Madrid Río

nach. Auch lokale Berühmtheiten fanden hier eine Gedenkstätte, etwa Stadtchronist Ramón de Mesonero Romanos, oder, im benachbarten **Cementerio de San Justo,** der Dichter Mariano José de Larra und der Komponist Federico Chueca.

Unweit des Friedhofs steht die **Ermita de San Isidro del Campo,** am 15. Mai stets Ziel von Wallfahrern. Auf einigen Goya-Bildern ist diese Wallfahrt *(romería)* zu Ehren des Schutzpatrons der Stadt dokumentiert.

Eine Quelle neben der Kirche, von der sich manche bis heute Wunder versprechen, soll San Isidro beim Pflügen entdeckt haben (Paseo del Quince de Mayo, 62).

Ein lohnender Umweg führt dabei über den **Puente de Segovia** ⭐, den Juan de Herrera um 1580 im Auftrag Felipes II. errichtete, damit der Escorial von der Hauptstadt bequem zu erreichen war. Nicht nur Lope de Vega, sondern auch andere Zeitgenossen machten sich schon damals über das muskulöse Bauwerk aus Granitquadern (200 m lang, 30 m breit) lustig. Ihr Kommentar: »Zu viel Brücke für so wenig Fluss.«

💬 **MADRIDER STAMMTISCH**

»Außer Haus und doch nicht an der frischen Luft« – dieses Motto der Wiener Kaffeehausphilosophen passt ebenso gut für die berühmten Madrider Debattierzirkel, *tertulias* genannt. Schon im 17. Jh. trafen sich gebildete Theatergänger nach der Vorstellung in der Corrala zum Meinungsaustausch. Vermutlich erhielt die Runde ihren Namen daher, dass ihre Teilnehmer gerne Sinnsprüche des frühchristlichen Denkers Tertullian (160–225) zitierten. Ihren eigentlichen Höhepunkt erlebte die Tertulia aber erst um 1900. Die Dichter der Generación del 98, z. B. Baroja, Valle-Inclán und Unamuno, führten das Wort in den Cafés Gijón, Comercial oder Lión. Als ungekrönter König der literarischen Tertulia galt in den »glücklichen Zwanzigern« Ramón Gómez de la Serna. 1914–1936 hielt der Schriftsteller jeden Samstag um 21 Uhr Hof im legendären Café de Pombo. Seine Spielregeln lauteten: Jeder zahlt seine eigenen Getränke, Politik und Persönliches sind tabu! Unsterblich sind seine Greguerías, eine Art poetischer Geistesblitze, wie sie nur im Dunst aus Tabakqualm und Kaffeeduft entstehen: »Erinnerungen laufen ein wie Unterhemden«, »In Madrid halten alle Menschen, wie die Löwen, einen Mittagsschlaf«. Nach dem Bürgerkrieg bot die Tertulia für die wenigen nicht ins Exil abgewanderten Intellektuellen wie Camilo José Cela die einzige Zuflucht vor der Zensur. Nicht selten tarnten Oppositionelle ihre Sitzungen als Klub für Stierkampffans. Lebendig ist die typisch spanische Freude an der geschliffenen Rhetorik und am Reden um des Redens willen auch heute noch. Palavert wird beispielsweise nach wie vor im altehrwürdigen Café Gijón oder im Café del Círculo de Bellas Artes.

SALAMANCA &
CASTELLANA

Minerva blickt hinab von
der Dachterrasse des
Círculo de Bellas Artes

Im noblen Salamanca-Viertel mit eleganten Boutiquen lohnen auch private Kunstsammlungen und der Retiro-Park den Besuch. Futuristische Architektur ragt in der Urbanización AZCA in den Himmel.

Ein Blick auf den Stadtplan genügt, um das wichtigste Merkmal von Salamanca zu erfassen: Symmetrische Wohnblocks, ein großzügiges Straßennetz im Schachbrettmuster – welch ein Gegensatz zu den beengten Verhältnissen in Lavapiés oder der Morería! Mitte des 19. Jhs. am Reißbrett konzipiert, hat sich die Hochburg von Adel und Bourgeoisie ihr nobles Flair bis heute bewahrt. Designerläden, vornehme Nachtklubs und Modeboutiquen von Weltruf haben sich hier angesiedelt. Auch Kunst und Hochkultur sind im Barrio de Salamanca heimisch; die vielen Privatgalerien, Auktionshäuser, Stiftungen und Sammlungen sind allein schon einen Rundgang wert. Die Wege durch das weitläufige Viertel können allerdings recht lang sein; es bietet sich an, zwischendurch mal ein Taxi zu nehmen – spätestens, wenn die Shopping-Tour durch die Einkaufsmeilen erfolgreich war …

Am nördlichen Abschnitt der Paseo de la Castellana präsentiert sich Madrid ganz so, wie sich die Hauptstadt Ende des 20. Jhs. gern sah: als wirtschaftliches und politisches Aushängeschild, sinnbildlich für ein Spanien, das zur Moderne aufgeschlossen hat. Chrom, Glas und Beton bestimmen vor allem das Bild der Cuatro Torres, deren Wolkenkratzer zu den spektakulärsten in Europa gehören. Schließlich lebt Madrid mit Übergrößen jeglicher Art nicht erst seit gestern.

Einkaufsbummel auf der Calle de Serrano im Salamanca-Viertel

TOUR DURCH SALAMANCA

SALAMANCA UND RETIRO

VERLAUF: Real Academia de Bellas Artes › Plaza de Cibeles › Parque del Retiro › Museo Arqueológico Nacional › Plaza Colón › Calle de Serrano › Urbanización AZCA › Puerta de Europa

KARTEN: Seiten 119 und 129
DAUER: 3–4 Stunden (inkl. Museen auch ganztägig)
PRAKTISCHE HINWEISE:
- Startpunkt Ⓜ Sevilla, Endpunkt ist die Ⓜ Plaza de Castilla.
- Um die wichtigste Verkehrsachse Madrids zu erkunden, sollte man Bus oder Taxi bemühen – zu lang wäre der 6 km Fußmarsch entlang des Paseo de la Castellana.

TOUR-START: REAL ACADEMIA DE BELLAS ARTES DE SAN FERNANDO 1 ⭐ ▥ D4

Auf dem Weg von der Altstadt in die östliche Neustadt liegt das großartige Museum der Akademie der Schönen Künste, untergebracht in einem Stadtpalais von José Benito Churriguera (1725). Zu den Schätzen zählen ein Dutzend erstrangiger Werke von Goya, z. B. das Selbstbildnis von 1815, das »Irrenhaus« und die »Beerdigung der Sardine«

(Saal 2). Von Zurbarán sind herrliche Mönchsbilder (Saal 3) ausgestellt, von Velázquez die Porträts von Felipe IV. und Mariana de Austria (Saal 4). El Greco ist mit einem »San Jerónimo als Büßer« (Saal 20) vertreten; Gemälde von Rubens und van Dyck hängen in Saal 8, ebenso die skurrile Frühlingsallegorie des Mailänder Obstfreundes Arcimboldo (Alcalá, 13, www.realacademiabellasartessanfernando.com, Di–So 10 bis 15 Uhr, Aug. geschl., Eintritt 8 €).

In der sich anschließenden **Calcografía Nacional** werden Radierungen und Druckplatten aus vier Jahrhunderten gezeigt, darunter die Originale für Goyas große und bekannte Radierungsserien »Caprichos«, »Desastres de la Guerra«, »Tauromaquia« und »Disparates« (Mo–Do 8.30–17, Fr 9–15 Uhr).

IGLESIA DE LAS CALATRAVAS 2 ▥ D4

Eingezwängt zwischen repräsentative Geschäfts- und Bankhäuser des frühen 20. Jhs., wie sie die Calle de Alcalá prägen, erhebt sich weiter östlich der barocke Kuppelbau. Er entstand 1678 nach Entwürfen des Augustiners Fray Lorenzo de San Nicolás, wurde aber gut 200 Jahre später nach dem Vorbild der norditalienischen Renaissance umgestaltet. Früher war die Kirche ein Teil einer Niederlassung des Calatrava-Ritterordens, der während der Reconquista fanatische Krieger gegen die Ungläubigen stellte. Das imposante **Barockretabel** ⭐ gilt als ein Hauptwerk von José Benito Churriguera (Alcalá, 25).

CÍRCULO DE BELLAS ARTES ❸ 📱 D4

Auf der anderen Straßenseite, etwa gegenüber dem fotogenen Edificio Metrópolis, sollte man nicht am **Círculo de Bellas Artes** vorbeilaufen, ohne einen Blick in dieses wunderschöne Café des Kulturvereins zu werfen. Der Eingang befindet sich in der Calle Marqués de Casa Riera. Grandios ist der Ausblick von der Dachterrasse (Mo–Fr 9–22, Sa, So 11–22 Uhr).

Rund um einen marmornen Frauenakt von Moisés Huerta (1910) trafen und treffen sich noch heute Kunst- und Theaterinteressierte zum Gedankenaustausch. Der Stammsitz des Círculo, 1926 von Antonio Palacios errichtet, ist ein typisches Beispiel für die Madrider Bauweise dieser Ära: eigenwillig und ein wenig großspurig, aber nicht ohne urbane Eleganz.

In den Räumlichkeiten des Vereins finden wechselnde Ausstellungen (Di–So 11–14, 17–21 Uhr, Eintritt 4 €) und andere öffentliche Veranstaltungen statt (Alcalá, 42, www.circulobellasartes.com).

PLAZA DE CIBELES 📱 E4

An dem verkehrsumtosten Platz trifft die Calle de Alcalá auf den breiten Paseo del Prado. Zentraler Blickfang ist der **Cibeles-Brunnen** (18. Jh.) von Francisco Gutiérrez. Kybele, die Magna mater der Römer und uralte Fruchtbarkeitsgöttin aus Kleinasien, gilt als eines der Wahrzeichen Madrids. Die grandiose Kulisse für ihr Löwengespann bilden mehrere Prachtbauten.

Nicht wie ein Postamt, eher wie eine Kathedrale (Spitzname: Nuestra Señora de las Comunicaciones) wirkt der **Palacio de Cibeles** ❹ 📱 E4. Der frühere Palacio de las Comunicaciones wurde 1917 nach Plänen von Antonio Palacios vollendet. Die gewaltige Schalterhalle dient inzwischen unter dem Titel **Centro-Centro** als Ausstellungsfläche moderner Kunst. Nicht verpassen sollte man den Blick von der Aussichtsplattform im zentralen Turm (Di–So 10.30–13.30, 16–19 Uhr). › mehr S. 15 Punkt ㉑ (Pl. de Cibeles, 1, www.centrocentro.org, Ausstellungen Di–So 10–20 Uhr).

Gegenüber residiert die spanische Notenbank, **Banco de España,** in einem repräsentativen Bau im Stil der Neorenaissance.

Nicht weniger aufwendig zeigt sich der **Palacio de Linares,** ein Adelspalast aus dem 18. Jh., der seit dem Kolumbusjahr 1992 das spanisch-lateinamerikanische Kulturinstitut **Casa de América** beherbergt. Einblick in die eleganten Säle und das Treppenhaus aus Carrara-Marmor erhält man im Rahmen von Veranstaltungen und Ausstellungen (Pl. de Cibeles, www.casamerica.es, Führungen 8 €).

PARQUE DEL RETIRO 6 ▮ E4–F5

Jenseits der Plaza de Cibeles krönt der harmonisch proportionierte Triumphbogen **Puerta de Alcalá 5** ★ ▮ E4 die gleichnamige Straße. Francisco Sabatini schuf das Bau-

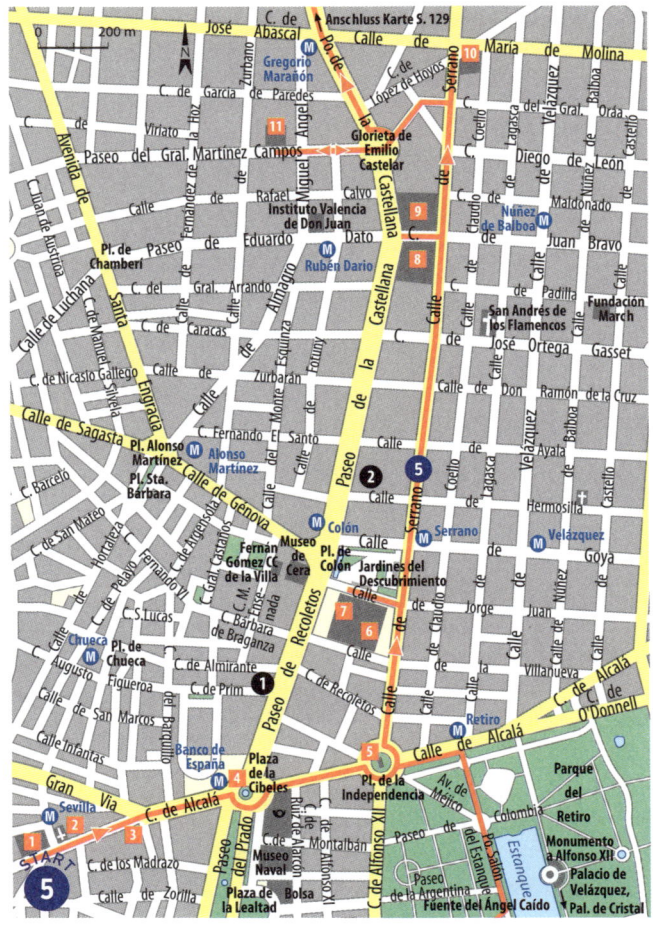

werk 1778 im von Carlos III. bevorzugten Stil des Klassizismus. Etwa in Höhe des Tors liegt rechter Hand der Haupteingang zum Parque del Retiro. Die 120 ha große Oase in der Großstadt geht auf die Sommerresidenz Felipes IV. › unten zurück.

An die Tradition der höfischen Theateraufführungen von damals knüpfen jedes Wochenende Musiker, Magier, Pantomimen und Puppenspieler an. An sonnigen Sonntagen schieben sich Massen von Müßiggängern an den Kleinkünstlern vorbei. Im Schatten alter Bäu-

me widmen sich Schach- und Dominospieler ihrem Hobby, während im Musikpavillon das Stadtorchester zum Mittagskonzert bittet.

Ein bei den Madrilenen beliebter Platz zum Sonnen und Entspannen ist das **Monumento a Alfonso XII.** am Ufer des künstlichen Sees. › mehr S. 13 Punkt ❽ Das Ensemble aus einer halbrunden Säulenhalle und dem mächtigen Reiterstandbild des Königs von Mariano Benlliure wurde 1922 eingeweiht.

Hübsch anzusehen sind auch die beiden Ausstellungssäle **Palacio de**

💬 EL BUEN RETIRO – DIE GROSSE ILLUSION

Ungepflasterte Straßen, knöchelhoher Schlamm und Exkremente, frei laufende Schweine – so ähnlich muss man sich Madrid im 17. Jh. vorstellen. Felipe IV., der 1621 als 16-Jähriger den Thron bestieg, hatte freilich ganz andere Ambitionen, als für Ordnung und Hygiene zu sorgen. Von seinem Premierminister, dem Conde-Duque de Olivares, ließ sich der gebildete Herrscher eine bessere Welt einrichten. Der Palacio del Buen Retiro (»Ruhesitz«) unweit des Klosters San Jerónimo war 1633 schlüsselfertig; Ballsaal, Theater, See und Lustgärten kamen bis 1643 hinzu.

Für das gigantische Projekt, das rund 1000 Arbeiter beschäftigte, wurden die Steuern und der Ausstoß von Münzgeld erhöht. Als entscheidende Schlachten gegen England, Frankreich und Holland längst verloren waren, Katalonien und Portugal rebellierten und Spanien aufgrund der Kriegslasten vor dem Ruin stand, schwelgten König und Adel noch immer in barocken Fantasien vom Goldenen Zeitalter.

Den reinsten Ausdruck fand diese Denkart im Hoftheater, Felipes größtem Faible – gern trat der Monarch selbst als Schauspieler auf. Felipes Hofdichter, Pedro Calderón de la Barca (»Das Leben ein Traum«, »Das große Welttheater«), versorgte das süchtige Publikum mit dem richtigen Stoff.

Der schöne Schein überdauerte kaum ein Jahrhundert, denn die Bourbonen fanden keinen Gefallen an der Palaststadt. El Buen Retiro, der sogar Louis XIV. beeindruckt haben soll, verfiel. Im Unabhängigkeitskrieg 1808–1813 wurden die meisten Bauten zerstört. Nur der Casón del Buen Retiro › S. 139, das Heeresmuseum und der Parque del Retiro erinnern heute noch an die einstige Pracht.

Velázquez und **Palacio de Cristal** (beide 19. Jh.). Letzterer, ein anmutiger Glaspalast, gehört zum Centro de Arte Reina Sofía › S. 141 (Paseo República de Cuba, 4, Wechselausstellungen, Di geschl.)

Das Südende des Paseo República de Cuba schmückt das einzige Denkmal, das jemals eine Stadt dem Teufel gewidmet haben soll: der **Fuente del Ángel Caído,** eine neobarocke Spielerei des Bildhauers Ricardo Bellver aus dem Jahr 1885.

ZWISCHENSTOPP: CAFÉS
In den Freiluftcafés erfrischt man sich mit *granizado* (zerstoßenes Eis mit Zitronensirup) oder einer *horchata de chufas* (Erfrischungsgetränk aus Erdmandeln). › **mehr S. 15 Punkt ⓰**

MUSEO ARQUEOLÓGICO NACIONAL ⑥ ⭐ ▮ E3

Biegt man an der Puerta de Alcalá (Plaza de la Independencia) nach Norden in die Calle de Serrano ein, gelangt man nach 200 m zum Archäologischen Nationalmuseum. Die Sammlung, von Königin Isabel II. per Dekret begründet und seit 1895 im selben Palast wie die Biblioteca Nacional untergebracht, wurde 2014 nach einem 30 Mio. Euro teuren Umbau neu eröffnet.

Im Garten links neben dem Eingang lädt ein originalgetreuer Nachbau der Höhle von Altamira dazu ein, die Felsmalereien der »Sixtinischen Kapelle der Steinzeit« zu bestaunen. Und im Untergeschoss des Hauptgebäudes dokumentieren vorgeschichtliche Exponate die kulturellen Zusammenhänge zwischen

Spanien, Nordafrika, Griechenland und anderen frühen Zivilisationen des Mittelmeerraums.

Ein Höhepunkt der Archäologischen Sammlung im Hauptgeschoss ist die keltiberische Kalksteinbüste der **Dama de Elche** (ca. 475 v. Chr.). › mehr S. 15 Punkt ㉒ Bis heute rätseln die Forscher, ob die berühmte Figur mit dem kostbaren Kopfschmuck und dem unergründlichen Lächeln eine Hohepriesterin, die Göttin des Todes oder des ewigen Lebens verkörpert; ein Hohlraum im Rücken der Statue diente sicherlich zur Aufnahme der Asche verstorbener Fürsten.

Aus der Römerzeit stammen u. a. schöne **Fußbodenmosaike** sowie eine Sonnenuhr aus der Gegend von Cádiz. Die Kronjuwelen der Westgoten vereint der Schatz von Guarrázar, der im 19. Jh. bei Toledo ausgegraben wurde.

Von den Mauren, die ab dem 8. Jh. die Westgoten verdrängten, stammen beeindruckende Kunstobjekte, z. B. ein reich dekorierter **Torbogen** aus dem Aljafería-Palast von Zaragoza. Das Zeitalter der Reconquista ist durch das **Elfenbeinkruzifix** des kastilischen Königspaares Fernando I. und Sancha (11. Jh.) vertreten sowie durch romanische und gotische Altäre, Säulenkapitelle und andere Gegenstände christlicher Sakralkunst.

Weitere Entwicklungslinien des Kunsthandwerks vom Mudéjarstil bis zum Spätbarock stellen die Säle im Obergeschoss vor (Serrano, 13, www.man.es, Di–Sa 9.30–20, So, Fei 9.30–15 Uhr, Eintritt 3 €).

PLAZA DE COLÓN  E3

Nördlich des Museums im Südosten des Platzes erinnern die **Jardines del Descubrimiento** an die Fahrten von Christoph Kolumbus. Vier Steinquader aus der Werkstatt von Joaquín Vaquero (1977) stehen für die Karavellen, mit denen sich der Entdecker von Königs Gnaden 1492 erstmals gen »Indien« aufmachte. Der Genuese überblickt als Säulenheiliger in neogotischer Ausführung (1885) den Platz. An dessen Westseite verbirgt sich hinter der rauschenden Wasserkaskade das **Fernán Gómez Centro Cultural de la Villa,** bekannt für ein ausgezeichnetes Theater-, Konzert- und Ausstellungsprogramm (Pl. de Colón, 4, www.teatrofernangomez.com).

Weiter südlich am Paseo grenzt die **Biblioteca Nacional de España 7** E3 ans Archäologische Museum an. Die Statuen am Aufgang stellen u. a. Cervantes, Lope de Vega und Alfons den Weisen dar. Im angeschlossenen **Museo de la Biblioteca Nacional de España** kann man u. a. viele Perlen des 3,5 Mio. Bücher, Manuskripte und Grafiken umfassenden Bestands interaktiv auf dem Bildschirm betrachten. So besitzt die Bibliothek die Urfassung des anonymen Nationalepos »Cantar de Mío Cid« (12. Jh.), sämtliche Erstausgaben von Cervantes sowie die grundlegende kastilische Grammatik von Antonio de Nebrija aus dem Jahr 1492 (Paseo de Recoletos, 20–22, www.bne.es, Di–Sa 10–20, So 10–14 Uhr).

ZWISCHENSTOPP: CAFÉ

Café Gijón 1 €€–€€€ E3
Ebenfalls untrennbar mit der spanischen Literaturgeschichte verbunden ist das Café Gijón auf der Straßenseite schräg links gegenüber der Nationalbibliothek: In dem

Die spanische Nationalbibliothek an der Plaza de Colón mit dem Kolumbus-Denkmal

1888 gegründeten Lokal verkehrten von Ramón Valle-Inclán über Salvador Dalí und Luis Buñuel alle Madrider Intellektuellen von Rang. Das Restaurant im Souterrain ist nicht gerade preiswert, bietet aber ein erschwingliches Mittagsmenü.

• Paseo de Recoletos, 21 | Paseo del Arte Tel. 915 22 37 37 | www.cafegijon.com

CALLE DE SERRANO 🟠 📱 E1–3

Der älteste Teil des Nobelviertels Salamanca (1864–1871) erstreckt sich an der Calle de Serrano etwa vom Archäologischen Museum bis zur Querstraße Calle Don Ramón de la Cruz. Initiator der planmäßigen Stadterweiterung war der Bankier und Geschäftsmann Marqués José de Salamanca y Mayol; 1867 trieb ihn das Projekt in den Ruin. Die neuen Luxuswohnungen, die – eine Madrider Premiere – serienmäßig mit WC-Spülung ausgestattet waren, fanden zunächst nicht genug zahlungskräftige Abnehmer. Gebaut wurden die gediegenen Bürgerpalais alle nach demselben Schema, das z. B. anhand der Hausnummern 18–62 in der Calle de Serrano deutlich wird: Architekt Carlos Lecumberri ordnete die stattlichen rechteckigen Anwesen um einen begrünten Patio herum an. Einblick in einen solchen Innenhof hat man etwa im Einkaufszentrum Jardín de Serrano › unten.

Für den gepflegten Einkaufsbummel sind die Calle de Serrano und ihre Nebenstraßen bestens geeignet. Neben den Boutiquen internationaler Modemacher haben sich hier auch die Vertreter der spanischen Alta Moda › S. 124 niederge-

lassen. Unbedingt besuchenswert sind weiterhin die kleinen, aber feinen Einkaufszentren El Jardín de Serrano (Eingang: Goya, 6–8), Serrano (Serrano, 88) sowie das ABC Serrano, das an den Paseo de la Castellana grenzt.

SHOPPING

Ein appetitanregender Stadtteilmarkt ist der Mercado de la Paz 📱 F2 mit seinem edlen Angebot an Meeresfrüchten, Fleisch und frischem Gemüse.

• Ayala, 28 | Ⓜ Serrano
  Mo–Fr 9–14.30, 17–20, Sa 9–14.30 Uhr

LA CASTELLANA 📱 E1–3

Der Paseo de la Castellana, kurz La Castellana genannt, durchzieht als Verlängerung des Paseo del Prado bzw. Paseo de Recoletos praktisch die halbe Stadt in Nord-Süd-Richtung. Von der Plaza de Colón bis zum Stadtrand misst der sechsspurige Corso gut 6 km, stellenweise ist er 130 m breit. Bis ins 19. Jh. war der Boulevard, der etwa doppelt so lang ist wie die Pariser Champs-Elysées, nicht mehr als ein ausgetrocknetes Flussbett. Erst ab 1860 wurde es gezielt in die Stadterweiterung einbezogen. Nur wenige Bürgerpaläste aus dieser Zeit stehen vereinzelt zwischen den Geschäftshäusern nahe der Plaza Colón.

Nach dem Krieg nahm Franco den Paseo de la Castellana für Militärparaden in Beschlag und benannte ihn in Avenida del Generalísimo um. In den 1960er-Jahren trieben Spekulanten die Bodenpreise so hoch, dass sich nur mehr ausländische Investoren, Banken und

SPANISCHER SCHICK

Madrider Mode reicht von der zeitlosen Eleganz der Alta Moda bis zum coolen Retro-Look

Spanische Modedesigner genießen bei Insidern einen hervorragenden Ruf. Dies gilt nicht nur für die luxuriöse Alta Costura, die hohe Schneiderkunst, sondern auch für kleine Hersteller, deren Kreationen nicht nur preislich für alle tragbar sind.

- Custo 🔖 D3
  Katalanischer Modeüberflieger, stattet halb Hollywood mit Streetwear aus.
  Mayor, 37 | Austrias | Ⓜ Ópera
  www.custo-barcelona.com

DIE TOP-MARKEN

Neben Madrider Modezaren sind es vor allem Designer aus Galicien, València und Katalonien, die den Ton angeben. Der Trend geht zu Reduktion und Minimalismus; die spanische Neigung zur Extravaganz macht sich jedoch immer wieder mit erfrischenden Provokationen Luft.

Ein Bummel durch die Szene lohnt sich also!

- Agatha Ruiz de la Prada 🔖 E3
  Originelle und vielseitige Mode.
  Serrano, 27 | Salamanca | Ⓜ Serrano
  www.agatharuizdelaprada.com
- Antonio Pernas 🔖 B2
  Der Designer aus Galicien pflegt den aktuellen Mode-Minimalismus.
  Princesa, 56 | Princesa
  Ⓜ Argüelles | www.caramelo.com
- Dolores Promesa 🔖 F2
  Junge Designermode für sie und ihn.
  Claudio Coello, 69 | Salamanca
  Ⓜ Serrano | www.dolorespromesas.com
- Kina Fernández 🔖 F2
  Zeitgemäße Damenmode.
  Claudio Coello, 75 | Salamanca
  Ⓜ Serrano | www.kinafernandez.es
- Purificación García 🔖 E3
  Damen- und Herrenmode mit betontem Understatement.

Serrano, 28 | Salamanca
Ⓜ Serrano | www.purificaciongarcia.com

VOM SCHEITEL BIS ZUR SOHLE

In puncto Lederwaren, Schuhe, Accessoires und Dessous ist Spanien traditionell ein gutes Shoppingrevier. Madrid glänzt nicht nur mit Designerboutiquen, sondern auch mit alteingesessenen Familienbetrieben.

- **Calzados Lobo** 📕 C5
  Schönes altes Schuhgeschäft. Spezialität: Alpargatas (Stroh-/Stoffsandalen); Flamenco-Tanzschuhe.
  Toledo, 30 | La Latina | Ⓜ La Latina
- **Lotusse 1877** 📕 F2
  Zeitlos schöne Schuhe für ihn, Handtaschen für sie.
  Serrano, 68 | Salamanca | Ⓜ Serrano
- **Asuntos Internos** 📕 D4
  Herrenunterwäsche, klassisch bis frivol.
  Fuencarral, 2 | Gran Vía | Ⓜ Gran Vía
- **XXX Madrid** 📕 D3
  Herrenunterwäsche und Badehosen, klassisch bis frivol.
  San Marcos, 10 | Chueca | Ⓜ Chueca
  www.xxxmadrid.com

JUNG, FLIPPIG, ANGESAGT

Streetwear, Clubwear, Urban Wear: Inspiriert von Hip Hop, Techno und MTV geht die junge Mode eigene Wege. Teens und Twens werden in den In-Boutiquen der Szene fündig:

- **No Comment** 📕 D3
  Ausgeflipptes für sie und ihn.
  Fuencarral, 39 | Malasaña
  Ⓜ Gran Vía
- **Pepita is Dead** 📕 D6
  Designerin Cristina Guisado setzt auf den Retro-Look der 1960er- und 1970er-Jahre.

Doctor Fourquet, 10 | Lavapiés
Ⓜ Lavapiés

- **Miss Sixty** 📕 C4
  Trendige Mode auf drei Etagen.
  Mesonero Romanos, 2 | Gran Vía / Sol
  Ⓜ Callao
- **Supreme** 📕 A2
  Rodríguez. Sneakers, Kapuzenshirts, superweite Jeans, Accessoires.
  Martín de los Heros, 24
  Argüelles | Ⓜ Ventura

SHOPPEN UND SPAREN

Die beste Zeit für Schnäppchenjäger liegt zwischen Ende Juni und Anfang Juli: Kurz vor den großen Ferien beginnt der jährliche Schlussverkauf *(rebaja)*. Aber auch sonst gibt es reichlich Gelegenheiten zum Sparen: Viele Boutiquen haben sich auf Designerware zu Großhandels- oder Auslaufkonditionen spezialisiert.

- **L'Habilleur** 📕 D3
  Schöner Laden mit reduzierter Designerware der letzten Saison.
  Plaza de Chueca, 8 | Chueca
  Ⓜ Chueca
- **Las Rozas Village**
  Designer-Outlets, Nachlässe bis 60 %.
  Juan Ramón Jiménez, 3
  28232 Las Rozas, Madrid (Buslinien 625 und 628 ab Ⓜ Moncloa)
  www.lasrozasvillage.com
- **Zara**
  Bezahlbarer Schick, Filialen (fast) überall in der Stadt.
- **Mercado de Fuencarral** 📕 D3
  Magische Adresse für junge Modefreaks, von Clubwear über Accessoires bis zum Piercing (Mo–Sa 10–21 Uhr).
  Fuencarral, 45 | Malasaña
  Ⓜ Tribunal

Großkonzerne den Luxusstandort leisten konnten.

Der städtische **Bus der Linie Nr. 27** (Atocha–Plaza de Castilla) befährt den Paseo de la Castellana fast in der gesamten Länge – die preiswerteste Art des Sightseeing.

An dem von modernen Zweckbauten geprägten Paseo de la Castellana fällt das **Edificio ABC Serrano** 8 E2 besonders auf (ehemals Edificio ABC-Blanco y Negro). Das frühere Verlags- und Pressehaus im andalusischen Stil wurde in ein attraktives Einkaufszentrum umgewandelt (Centro Comercial ABC Serrano, Paseo de la Castellana, 34/Serrano, 61, www.abcserrano.com, Mo–Sa 10–21, So, Fei 12–20 Uhr).

Einige Schritte nördlich des Einkaufszentrums veredelt das **Museo Arte Público** 9 E2 eine Unterführung zum Freilichtmuseum für abstrakte Plastik › S. 127.

ZWISCHENSTOPP: RESTAURANT

Platea 2 E3

Eine Art Gastro-Zirkus in ehemaligem Kino, Tapas im Erdgeschoss, diverse Bars und Bistros darüber – erlebenswert!

• Goya, 5–7 | Ⓜ Colón / Serrano
  Tel. 915 77 00 25
  www.plateamadrid.com

MUSEO LÁZARO GALDIANO 10 ★ F1

In seinem um 1900 erbauten Palacio Parque Florido häufte der Schriftsteller und manische Sammler José Lázaro Galdiano (1862 bis 1947) auf vier Stockwerken eine Fülle an Kunstschätzen an: von Uhren, Fächern und Schmuck über Keramik und Miniaturen bis hin zu Waffen und Möbeln. Besonders sehenswert sind die Gemälde im zweiten Stock, etwa die große »Kreuzabnahme«, eine »Hexenszene« und weitere Werke von Goya,

Im Museum des Impressionisten Sorolla

ein »Rosenwunder« von Zurbarán, die »Sieben Todsünden« von Hieronymus Bosch, der Leonardo da Vinci zugeschriebene Christuskopf sowie Bilder von Murillo, Ribera, El Greco und vielen anderen. Hochkarätig vertreten ist die englische Malerei, u.a. mit Werken von John Constable, Thomas Gainsborough und William Turner (Serrano, 122, www.flg.es, Di–Sa 10–16.30, So 10 bis 15 Uhr, Eintritt 6 €).

MUSEO SOROLLA 11 ⭐ 📖 E1

Überquert man die Castellana auf Höhe der Glorieta de Emilio Castelar, lohnt eine weitere Kunststiftung einen kurzen oder längeren Besuch: Das Museo Sorolla präsentiert in den früheren Wohnräumen und Ateliers des valencianischen Impressionisten Joaquín Sorolla (1863–1923) dessen schönste Bilder. In Spanien ist der Impressionist vor allem für seine stimmungsvollen Strandszenen berühmt. Weiß gekleidete Damen, badende Kinder, Strohhüte, Sonne, die durch Jalousien fällt – Sorollas Welt ist erfüllt von hellen Pastelltönen und der Wirkung von Licht und seinen Reflexen. Thematisch werden die einfachen Freuden des Lebens malerisch in Szene gesetzt (G. Martínez Campos, 37, www.culturaydeporte.gob.es/msorolla/visita/horarios.html, Di–Sa 9.30–20, So 10–15 Uhr, Eintritt 3 €, frei: Sa 14–20, So–15 Uhr).

MUSEO NACIONAL DE CIENCIAS NATURALES 12 📖 E1

Folgt man der Castellana weiter nach Norden, gelangt man zum Na-

BESONDERE MUSEEN

- **Museo Arte Público** 📖 E2
Beiderseits der Castellana sind sozusagen im Freiluftmuseum Skulpturen u. a. von Eduardo Chillida, Julio González, Joan Miró zu bewundern (Paseo de la Castellana, Ⓜ Rubén Darío) > S. 126.
- **Museo Naval** 📖 E4
Im Hauptquartier der spanischen Marine sind Schiffsmodelle, nautische Instrumente und alte Seekarten ausgestellt (Paseo del Prado, 5, www.armada.mde.es, Ⓜ Banco de España, Di–So 10–19, Aug. 10–15 Uhr, Eintritt 3 €).
- **Museo Nacional de Artes Decorativas** 📖 E4
Das Kunstgewerbemuseum zeigt Porzellan, Glas, Schmuck, Möbel, Textilien und Teppiche (15. bis 19. Jh.). Prunkstück ist eine mit *Azulejos* ausgekleidete Küche des 18. Jhs. (Montalbán, 12, Ⓜ Banco de España, www.culturaydeporte.gob.es/mnartesdecorativas/portada.html, Di–Sa 9.30–15, Do außer Juli/Aug. auch 17–20, So, Fei 10–15 Uhr, Eintritt 3 €, So frei).
- **Museo Nacional del Ferrocarril**
Eisenbahnloks, Waggons und Modelle aus 150 Jahren Eisenbahngeschichte sind in einem stillgelegten Bahnhof von 1880 zu besichtigen (Paseo de las Delicias, 61, Ⓜ Delicias, www.museodelferrocarril.org, Di–Fr 9.30–15, Sa, So 10–19, Juni–Sept. tgl. 10 bis 15 Uhr, Eintritt 6 €, Sa, So 3 €).

Die Skyline der Cuatro Torres Business Area

turkundemuseum, das oberhalb eines Denkmals für Isabella von Kastilien residiert. Der stattliche Bau von 1887 trägt eine gefällige Ziegelfassade im Stil der Neorenaissance. Die Sammlung geht auf das Königliche Kabinett für Naturgeschichte zurück, das Fernando VI. begründete. Zu sehen sind zahlreiche Exponate zu Geologie, Mineralogie sowie zur Zoologie und Paläontologie. Besonders bei Kindern hoch im Kurs stehen die Dinosaurierskelette und das Skelett eines bei Marbella gestrandeten Wals. Als Kostbarkeit gilt das 1,8 Mio. Jahre alte Skelett eines Riesenfaultiers (*Megatherium americanum*), das der Dominikanermönch Manuel Torres im Jahr 1788 im argentinischen Luján entdeckt hatte (José Gutiérrez Abascal, 2, www.mncn.csic.es, Di–Fr 10–17, Sa, So 10–20 Uhr, Eintritt 7 €).

NUEVOS MINISTERIOS 13

Wo sich jetzt der granitgraue Komplex der »Neuen Ministerien« erstreckt, befand sich bis 1932 eine Pferderennbahn. Der Büroblock wurde in der Zweiten Republik geplant, aber erst in den 1950er-Jahren vollendet. Etwas aufgelockert hat die monumentale Erscheinung des Ensembles die verglaste Arkadenfront zur Castellana (1982) und – direkt vor dem Gebäude – die Skulptur einer überdimensionalen Hand von Fernando Botero.

URBANIZACIÓN AZCA

Ein Symbol der fortschrittseuphorischen Jahre des spanischen Wirtschaftsbooms ist die Urbanización AZCA (Alta Zona de la Castellana). Bereits 1959 lieferte der Architekt Antonio Perpiñá das Konzept für dieses hypermoderne Büro- und

Einkaufsviertel. Zur Ausführung kamen seine Planungen erst nach 1964, als mit der **Torre Corte Inglés** der Anfang gemacht wurde. Den Verkehr verlegten die Stadtplaner unter eine weitläufige Fußgänger- und Parkesplanade, die auf mehreren Ebenen mit Geschäftstürmen und Einkaufszentren verbunden ist.

Höchst umstritten war die **Torre BBVA** 14 (Banco Bilbao Vizcaya Argentaria) schon in der Bauzeit 1974–1982, weil Architekt Francisco Javier Sáenz de Oiza für die Außenhaut des 108 m hohen Komplexes eine Stahllegierung wählte, deren Farbe durch Oxidierung im Lauf der Zeit ins Rostrot changiert.

Höchstes Bauwerk der Urbanización AZCA ist die **Torre Picasso** 15 ⭐ von 1988 (157 m, 43 Etagen, Helikopter-Landeplatz). Architekt ist der Japaner Minoru Yamasaki, der zuvor das New Yorker World Trade Center schuf. Die Klimaanlage und die Sicherheitsvorkehrungen in dem weißen Giganten aus Aluminium und Glas werden von Computern gesteuert; niemand der 4700 Angestellten kann ohne einen Passierschein sein Büro betreten.

Im Norden der AZCA stehen das Einkaufszentrum **Moda Shopping** sowie die **Torre Europa** 16 von Miguel Oriol e Ybarra (1988). Blickfang ist deren ovale Turmuhr zur Plaza de Lima hin. (Moda Shopping, Av. General Perón 38–40/Paseo de la Castellana)

ZUR PUERTA DE EUROPA

Der rechteckige **Palacio de Congresos** 17, nördlich der AZCA,

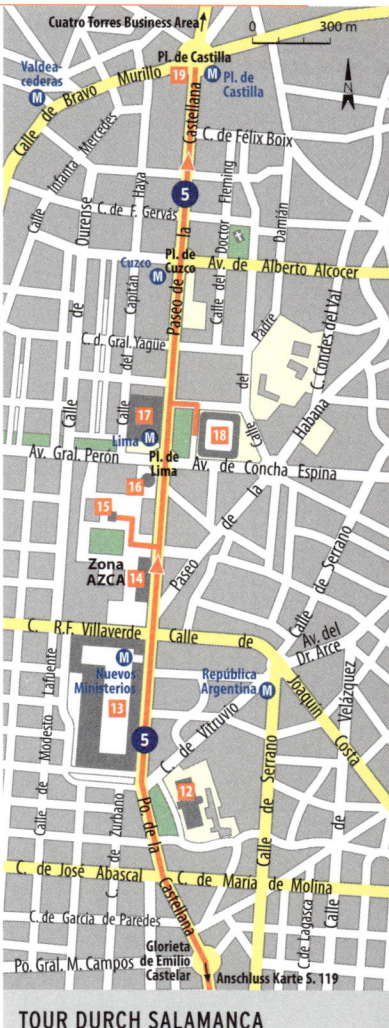

TOUR DURCH SALAMANCA

TOUR ➎

CASTELLANA (TOURSTART > KARTE S. 119)

Die schiefen Türme der Puerta de Europa umrahmen einen Obelisken

wurde 1980 mit einem riesigen Keramikwandbild nach Entwürfen von Joan Miró verschönert.

Gegenüber erhebt sich die Betonschüssel des **Estadio Santiago Bernabéu** 18, seit 1947 Schauplatz ungezählter Triumphe von Real Madrid. › mehr S. 12 Punkt ❺ Ein Museum mit Trophäenzimmer informiert über Stadion und Spitzenklub (Av. de Concha Espina 1, Ⓜ Santiago Bernabéu, www.real madrid.com).

An der **Plaza de Castilla**, direkt hinter einem monumentalen Denkmal für den 1936 ermordeten Monarchistenführer José Calvo Sotelo, ragen die wohl augenfälligsten Beispiele aktueller Madrider Baukunst empor: die sich einander zuneigenden Zwillingstürme der **Puerta de Europa** 19 ⭐ (auch Torres KIO), konstruiert vom amerikanischen Stararchitekten Philip Johnson und seinem Partner John Burgee. An einem Knotenpunkt zweier Ausfallstraßen nach Norden gelegen, soll der 27-stöckige Hightech-Triumphbogen die Öffnung Spaniens in Richtung Europa widerspiegeln. In der Mitte der Plaza erhebt sich seit 2009 der bronzene **Obelisk** des valencianischen Stararchitekten Santiago Calatrava.

CUATRO TORRES

Unübersehbar ragen die vier modernen Bürotürme der **Cuatro Torres Business Area** in den Himmel, die bis 2009 auf dem ehemaligen Trainingsgelände von Real Madrid entstanden. Der höchste, die Torre Cepsa (249,5 m), stammt aus dem Architekturbüro des Briten Norman Foster. Die Torre Espacio ist 223 m hoch, die Torre de Cristal 249 m und die Torre PwC 236 m (Ⓜ Begoña).

AM PASEO DEL PRADO

Skulpturen des Prado im
Kreuzgang des ehemaligen
Hieronymitenklosters

Madrids Kunstmeile vereint auf engem Raum Museen von Weltrang: den Prado, das Museo Thyssen-Bornemisza und das Centro de Arte Reina Sofia sowie das moderne Ausstellungszentrum CaixaForum.

(Fast) alles auf diesem Rundgang dreht sich um die große Malerei, denn schon allein das »Dreieck der Kunst« am Paseo del Prado mit seinen Eckpunkten lohnt die Reise nach Madrid. Drei der bedeutendsten Pinakotheken der Welt liegen in unmittelbarer Nachbarschaft. Für die ausreichende Bewunderung all dieser Schätze müsste der Museumsbesuch wohl einen Monat dauern. Allein das grandiose Museo del Prado zeigt mehr als 2000 Einzelwerke in 120 Sälen, durch die jährlich 2 Mio. Besucher geschleust werden. Der jüngste Neubau erhöht die Attraktivität des Prado zusätzlich, denn hier werden in wechseln-

den Ausstellungen immer wieder neue und überraschende Bezüge zu den alten Meistern hergestellt.

Die perfekte Ergänzung zum Prado ist das Museo Thyssen-Bornemisza, dessen Besuch eine Zeitreise durch die westliche Kunstgeschichte von der Renaissance bis zur Pop Art ist – wohl keine andere Privatsammlung der Welt kann eine derartige Fülle von hochkarätigen Gemälden aller Epochen aufbieten.

Das Centro de Arte Reina Sofía konzentriert sich ganz auf die Moderne; die spanischen Surrealisten und vor allem Picassos »Guernica«, vielleicht das berühmteste Gemälde der neueren Kunst überhaupt, ste-

Meisterwerke wie die »Quellnymphe« von Lucas Cranach d. Ä. sind im Museo Thyssen-Bornemisza zu betrachten

hen im Mittelpunkt des Museums. Seit 2007 wird das »Dreieck der Kunst« durch das moderne Ausstellungszentrum CaixaForum ergänzt.

Wem so viel Pflichtprogramm Angst macht, der kann auf der weitläufigen Platanenallee des Paseo del Prado auch schlicht und einfach flanieren und entspannen. Außerdem bieten der schöne Jardín Botánico und der Mini-Regenwald im Bahnhof Atocha ideale Möglichkeiten für nichtmuseale Pausen bei jedem Wetter.

TOUR AM PASEO DEL PRADO

PASEO DEL PRADO

VERLAUF: Museo del Prado > Museo Thyssen-Bornemisza > CaixaForum > Centro de Arte Reina Sofía > Estación de Atocha > Real Fábrica de Tapices

KARTE: Seite 134
DAUER: mindestens ein ganzer Tag; besser: drei halbe Tage
PRAKTISCHE HINWEISE:
- Startpunkt ist Ⓜ Banco de España, Endpunkt Ⓜ Atocha.
- Idealerweise besucht man die Museen jeweils am frühen Nachmittag, also zur spanischen Mittagszeit, um den Besuchermassen (vor allem im Museo del Prado) auszuweichen. Wer alle drei Museen sehen möchte, nimmt das günstigere Kombiticket »Paseo del Arte« (29,60 €), Eintritt CaixaForum 4 €.
- Prado-Tickets auch online: http:// entradasprado.com; mit fester Besuchszeit ohne Schlangestehen.

TOUR-START: MUSEO DEL PRADO 1 ⭐8 ▮ E4/5

Um das Museo del Prado, diese einzigartige königliche Gemäldesammlung, machten sich schon die Habsburger verdient, lange bevor eine öffentliche Pinakothek in Madrid existierte. Karl V. und sein Sohn Felipe II. legten den Grundstock, indem sie Bilder von Tizian und Bosch erwarben.

Der kunstsinnige Felipe IV. wies seine Vizekönige und den Hofmaler Velázquez an, in Italien, Flandern und Spanien Werke von höchstem Rang zuzukaufen – erstaunlich genug, dass die spanischen Herrscher entgegen ihren sonstigen Gepflogenheiten die Sammlungen ihrer Kunstgalerie niemals durch Raub oder Enteignung bereicherten.

Kurz vor seinem Tod 1665 verfügte Felipe IV., dass auch nicht der kleinste Teil der Gemälde jemals veräußert werden dürfe. Daran hielt sich auch die Dynastie der Bourbonen, die ab 1701 zum Gedeihen der Sammlung beitrug, obwohl beim Großbrand des Alcázar zu Weihnachten 1734 über 500 Meisterwerke den Flammen zum Opfer fielen.

Den Bau des Museums gab 1785 Carlos III. für seine naturkundliche Sammlung in Auftrag. Im Jahr 1806 war der Rohbau unter Leitung des Architekten Juan de Villanueva so weit fertiggestellt, dass ihn Napoleons Invasionstruppen als Pferdestall zweckentfremden konnten. Ausgerechnet Fernando VII., sonst ein ausgewiesener Reaktionär und Intellektuellenfeind, weihte den Prado 1819 als Kunstgalerie ein.

Auf dem angrenzenden Areal des ehemaligen Hieronymitenklosters schließt sich der kubische Anbau des Stararchitekten Rafael Moneo an. Der 2007 eröffnete Trakt (Edificio Jerónimos) dient der Präsentation wechselnder Themenausstellungen. Dabei wird auf den Bestand des Prado zurückgegriffen; im alten Trakt (Edificio Villanueva) können nur 2000 Gemälde von insgesamt 12 000 ständig gezeigt werden.

Zuletzt eröffnet wurden 2010 die Säle 51a–c, 50 und 52a–c. Sie sind der spanischen Malerei von der Romanik bis zur Renaissance gewidmet. Zu sehen sind Werke u. a. von Fernando Gallego, Bartolomé Ber-

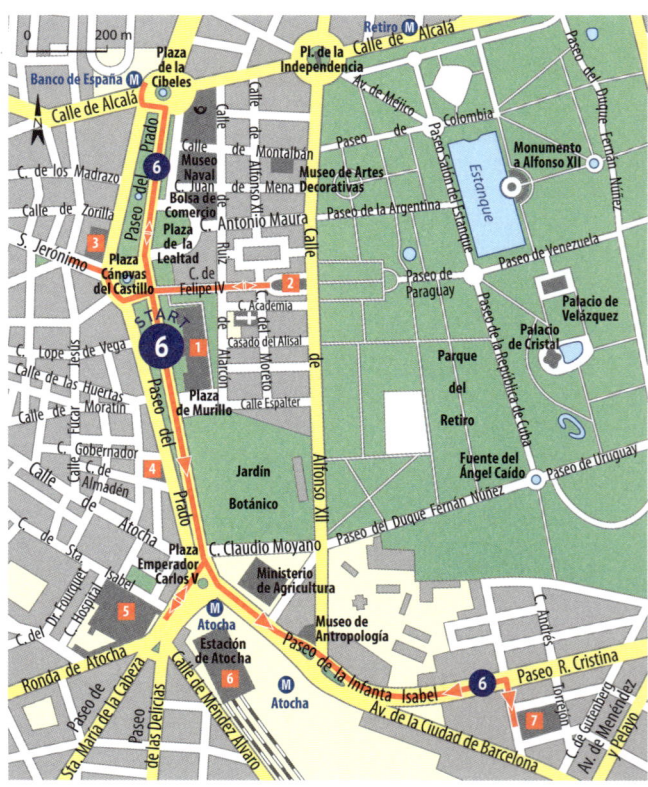

Ehemaliges Hieronymitenkloster und der Neubau des Prado für Wechselausstellungen

mejo und Juan de Flandes sowie wunderbare romanische Fresken aus dem 12. Jh.

Der Prado ist kein nach akademischen oder didaktischen Gesichtspunkten arrangiertes Museum; die Sammlung spiegelt den Geschmack der spanischen Könige vom 16. bis zum 19. Jh. wider. Ein roter Faden durch die Hallen ist deshalb nicht leicht ausfindig zu machen, auch,

weil aus Platzgründen oft umgehängt wird (Infos › S. 139, Plan und Katalog liegen auch auf Deutsch vor, Saalpläne als PDF: www.museo delprado.es). › mehr S. 18 Punkt ❸❻

Länder wie England oder Holland, zu denen in der Vergangenheit nie gute Beziehungen bestanden, sind kaum repräsentiert. Unübertroffen bleiben dagegen Zahl und Qualität der Hauptwerke einzelner Meister wie Tizian, Rubens, El Greco, Velázquez und Goya. Wer wenig Zeit hat, konzentriert sich am besten auf einen Maler bzw. auf die Flämische oder Venezianische Schule.

Hinter dem nördlichen sogenannten Goya-Eingang des Museums (davor steht ein Goya-Denkmal von Mariano Benlliure) passiert man zunächst in der Rotunde eine Statue Karls V. (16. Jh.).

Den Auftakt bildet im Hauptgeschoss die **italienische Malerei** (Sä-

Höchster Kunstgenuss im Prado

le 5, 8a–9a). Vertreten sind u. a. Fra Angelico, Botticelli, Caravaggio, Giorgione und Raffael sowie vor allem die großen Venezianer Veronese, Tintoretto und Tizian. Letzterer galt als Intimus von Kaiser Karl V., den er als Hofmaler nach 1536 mehrfach porträtierte.

Felipe II. gab gern *poesías* in Auftrag, mythologische Szenen wie »Bacchanal«, »Salomé«, »Danaë und der Goldregen«. Akte wie der der schönen Danaë, gemalt in Tizians berühmten warmen Farbtönen, blieben wegen moralischer Bedenken bis 1827 in der Kunstakademie unter Verschluss.

Das restliche Hauptgeschoss ist **spanischen Meistern** vorbehalten. José de Ribera, in seiner Wahlheimat Neapel als Lo Spagnoletto (»Der kleine Spanier«) bekannt, war im 17. Jh. der wichtigste Exponent des von Caravaggio inspirierten Hell-Dunkel-Stils, dem kontrastierenden *tenebrismo.*

Mit bedeutenden Bildern sind auch Francisco Zurbarán, Spezialist für Mönchsporträts (»Der hl. Jakob von Alcalá«), und der Sevillaner Bartolomé Esteban Murillo (»Die Unbefleckte Empfängnis«) präsent. In die emotionale, ekstatische Welt El Grecos (u. a. »Kreuztragung«, »Anbetung der Hirten«) kann man sich in den Sälen 16 b und 19–23 hineinversetzen lassen.

VELÁZQUEZ

Einen Überblick über das Schaffen von **Diego Rodríguez de Silva y Velázquez,** von dessen Gesamt-Œuvre der Prado etwa die Hälfte besitzt, geben die Säle 12, 14–16, 18 und 60–63. Der Hofmaler von Felipe IV. beherrschte perfekt das Spiel mit dem glänzenden Schein des Goldenen Zeitalters. In seinen höfischen Szenen (»Las Meninas«, »Die Familie Felipes IV.«, »Las Hilanderas« und Porträts von Felipe IV.) stellte er den gekrönten Häuptern oftmals auch Hofzwerge, Narren und Hofdamen zur Seite. › mehr S. 17 Punkt ㉗

Velázquez scheute sich zudem nicht, in Porträts und Gruppenbildern das hervorstechendste Merkmal der Herrscherdynastie, das sogenannte Habsburgerkinn, zu betonen. Durch ihre von Inzucht geprägte Heirats- und Erbschaftspolitik gaben sie ihren Nachkommen nicht nur einen starken Unterkiefer mit. Carlos II., der letzte seiner degenerierten Sippe, litt an chronischen Krankheiten und war geistig behindert.

GOYA

Ein absoluter Höhepunkt ist die ca. 150 Arbeiten umfassende **Goya-Abteilung** (Säle 16b, 29, 32, 35–39, 85, 90–94): Nicht verpassen sollte man Meisterwerke wie »Erschießung der Aufständischen am 3. Mai 1808«, »Die Familie Karls IV.« sowie »Die nackte Maja« und »Die bekleidete Maja« – beide wohl Bildnisse der schönen Herzogin von Alba, mit der das Malergenie eine Liebesaffäre gehabt haben soll.

Ausgelassene Landpartien, anmutige Festszenen und spielende

💬 GOYAS KÖNIGE

Wer heute im Prado vor den vielen Porträts der Mächtigen steht, die Hofmaler Goya schuf, muss sich wundern – über die Unverfrorenheit des Künstlers ebenso wie über den Langmut der eingesetzten Modelle. Aus den Gesichtszügen so manches Porträtierten, darunter Könige, Minister, Bischöfe, Infantinnen ebenso wie Hofschranzen, lassen sich deren Ignoranz, Charakterlosigkeit oder sogar Heimtücke ablesen.

In dem berühmten Familienbildnis der Bourbonen stellte Goya dem dümmlich dreinblickenden, mit bunten Karnevalsorden dekorierten Carlos IV. eine zwar unansehnliche und aufgedunsene, aber bauernschlaue Regentin María Luisa zur Seite. Ihre Kinder ähneln nicht etwa dem Gatten, sondern Manuel de Godoy (1767–1851), dem einflussreichen Premierminister und Geliebten der Königin. Der arrogante Jüngling in Blau (am linken Bildrand) ist der älteste leibliche Sohn des Königs – der spätere Despot Fernando VII. Dahinter steht die ältliche Infantin María Josefa, Carlos' Schwester, deren vogelhafte Züge Goya mehrfach auf Leinwand bannte. Der Meister selbst verewigte sich im Hintergrund, den Betrachter anblickend wie ein stiller Mitwisser.

Lion Feuchtwanger beschreibt in seinem Roman »Goya oder Der arge Weg der Erkenntnis« (Aufbau Verlag TB 2001), wie die Könige das Bild aufnahmen: »Don Carlos gefiel es, er selbst gefiel sich. Und Doña María Luisa lobte ›Das ist ein treues, wahres Bild, geeignet, der Nachwelt zu zeigen, wie wir Bourbonen sind‹.«

Kinder im Rokokostil prägen die Frühphase (»Weinlese«, »Hampelmann«), in der er seine Vorlagen für Gobelins der Real Fábrica de Tapices › S. 142 schuf.

Goyas dunkle Seiten, die im Spätwerk überwiegen, lernt man dagegen im letzten Saal der Goya-Abteilung kennen. Die 14 *Pinturas negras,* darunter »Saturn frisst seine Kinder« und »Versinkender Hund«, bedeckten einst die Wände seines Landhauses. Es sind erschreckende Abbilder einer von Depressionen und innerer Zerrissenheit gepeinigten Seele.

TOP TEN DER GROSSEN KUNST

- **Diego Velázquez:** Las Meninas (Die Hofdamen), Museo del Prado, Saal 12 › S. 59, 137
- **Francisco de Goya:** Erschießung der Aufständischen, Museo del Prado, Saal 39 › oben
- **El Greco:** Bildnis eines Adeligen mit der Hand auf der Brust, Museo del Prado, Saal 10 a › S. 136
- **Albrecht Dürer (span. Durero):** Selbstbildnis, Museo del Prado, Saal 55 b › S. 139
- **Hieronymus Bosch (span. El Bosco):** Der Garten der Lüste, Museo del Prado, Saal 56 › unten
- **Peter Paul Rubens:** Die drei Grazien, Museo del Prado, Saal 9 › unten
- **Pablo Picasso:** Guernica, Centro de Arte Reina Sofía, 2. Stock, Saal 7 › S. 60, 141
- **Salvador Dalí:** Der große Masturbator, Centro de Arte Reina Sofía, 2. Stock, Saal 9 a › S. 141
- **Edward Hopper:** Hotelzimmer, Museo Thyssen-Bornemisza, Erdgeschoss, Saal 46 › S. 140
- **Caspar David Friedrich:** Ostermorgen, Museo Thyssen-Bornemisza, 1. Stock, Saal 31 › S. 140

FLÄMISCHE MALEREI

Das Untergeschoss ist außerdem der flämischen Malerei gewidmet. Hieronymus Bosch (span. El Bosco), dessen surreale Fantasien um die Themen Versuchung, Sünde und Apokalypse kreisen, war einer der Lieblingsmaler des strengen Felipe II. Boschs »Garten der Lüste« und das »Heuwagen-Triptychon« hängen in Saal 56 a.

Anthonis van Dyck (»Der Judaskuss«), Pieter Brueghel d. Ä. (»Triumph des Todes«) und Peter Paul Rubens – »Die drei Grazien«, »Das Urteil des Paris« – setzen weitere Glanzlichter. Vom Holländer Rembrandt besitzt der Prado eine Darstellung der »Artemisia«.

DEUTSCHE RENAISSANCE

Albrecht Dürer – Selbstbildnis von 1498, »Adam und Eva« – und Hans Baldung Grien – »Die Lebensalter« – lassen die Säle 54/55 b zur Begegnung mit der deutschen Renaissancemalerei werden.

INFO

Der **Prado** ist Mo–Sa 10–20, So, Fei 10 bis 19 Uhr geöffnet. › mehr S. 19 Punkt **44** Garderobe/Schließfächer am Goya- und Velázquez-Eingang. Der Murillo-Eingang ist für Schulklassen, der Jerónimos-Eingang

Casón del Buen Retiro ist das alte Ballhaus des Palastbezirks

führt in die Wechselausstellungen des neuen Traktes. Paseo del Prado, s/n, Tel. 913 30 28 00, www.museodelprado.es, Einzelticket 15 €, für 2 Besuche 22 € (online http://entradasprado.com), Kombiticket »Paseo del Arte« 29,60 €. Zur ständigen Ausstellung freier Eintritt Mo–Sa 18–20, So, Fei 17–19 Uhr.

An der Südseite des Museo del Prado liegt der 7 ha große **Jardín Botánico,** der Botanische Garten, dessen Gründung dem aufklärerischen Carlos III. zu verdanken ist. Hier kann man ca. 30 000 Arten mediterraner und tropischer Pflanzen in Augenschein nehmen (tgl. 9–18, im Sommer bis 21 Uhr).

Vorbei am **Hotel Ritz** › S. 30, das 1910 von Alfonso XIII. eröffnet wurde und im Spanischen Bürgerkrieg als Lazarett diente, führt die Calle de Felipe IV. auf die Rückfront des **Casón del Buen Retiro** 2 E4

zu. Das alte Ballhaus, ein Relikt des verschwundenen Palastbezirks der Habsburger › S. 120, wurde komplett umgestaltet. Es dient als Bibliothek und wissenschaftliche Außenstelle des Museo del Prado (Alfonso XII).

MUSEO THYSSEN-BORNEMISZA 3 9 D4

Seit 1992 beherbergt der klassizistische Palacio de Villahermosa aus dem 19. Jh. mit rund 800 Bildern eine der größten privaten Kunstsammlungen der Welt. Baron Hans Heinrich Thyssen-Bornemisza gab Madrid unter zahlreichen anderen europäischen Bewerbern den Vorzug, als es darum ging, für die damals auf 2,5 Mrd. Euro geschätzten Preziosen ein neues Domizil zu finden, nachdem die Villa Castagnola am Luganer See schließlich dafür zu klein geworden war. Die beliebte Sammlung zeichnet sich durch die

Das Kunstareal CaixaForum ist Museum, Konferenz- und Veranstaltungszentrum zugleich

übersichtliche und didaktische Anordnung aus.

Der Spaziergang durch sieben Jahrhunderte europäischer Kunstgeschichte in 48 Sälen beginnt im 2. Stock mit mittelalterlicher Sakralkunst und führt über herrliche Renaissanceporträts (Hans Holbein d. Ä., Piero della Francesca, Albrecht Dürer) zum italienischen Barock und dem spanischen Siglo de Oro (Tizian, Tintoretto, Canaletto, El Greco, de Ribera, Murillo). Französische und englische Romantiker (Watteau, Courbet, Constable) sind im 1. Stock mit erstklassigen Landschaftsbildern vertreten, ebenso Caspar David Friedrich.

Kaum zu überbieten ist die Impressionisten-Abteilung mit Auguste Renoir, Claude Monet, Edouard Manet, Edgar Degas, Paul Gauguin und Paul Cézanne. Mehrere Säle im 1. Stock sind dem Expressionismus

gewidmet. Im Erdgeschoss ist die Malerei des 20. Jhs. ausgestellt, von der experimentellen Avantgarde zu Beginn des 20. Jhs. bis zur Pop Art. Den Schlusspunkt setzen die Amerikaner Edward Hopper, Willem de Kooning, Jackson Pollock und Mark Rothko.

Die 2004 eröffnete **Colección Carmen Thyssen-Bornemisza** ergänzt in einem postmodernen Anbau die Sammlung um weitere Meisterwerke des Impressionismus und gibt ausgezeichneten temporären Ausstellungen einen schönen Rahmen (Paseo del Prado, 8, www.museothyssen.org, Mo 12–16, Di–So 10–19 Uhr, im Sommer längere Öffnungszeiten, Eintritt 12 €, frei Mo 12–16 Uhr, Kombiticket › S. 133).

CAIXAFORUM 4 ⭐ ▮ E5

Das 2007 eröffnete Kunstareal auf dem Gelände eines ehemaligen

Elektrizitätswerks ergänzt das »Dreieck der Kunst« um eine weitere Attraktion. Schon von außen überzeugt der Bau der Schweizer Architekten Herzog & de Meuron durch seine scheinbar über dem Platz schwebende Fassade. Flankiert wird sie von einem vertikalen Garten aus Tausenden Pflanzen an einer Hauswand. Die wechselnden Ausstellungen widmen sich vorwiegend zeitgenössischen Künstlern. (Paseo del Prado, 36, www.caixaforum.es/es/madrid, tgl. 10–20 Uhr, Eintritt 4 €).

CENTRO DE ARTE REINA SOFÍA 5 ⭐10 📱 D/E5

Den dritten bedeutenden Kunsttempel am Paseo del Prado eröffnete die Königin 1988 in einem Bürgerhospiz des 18. Jhs. Das **Edificio Sabatini** ist der Hauptbau des Museo **Nacional Centro de Arte Reina Sofía (MNCARS).** Die gläsernen Aufzüge an seiner Fassade (schöner Rundblick!) von Rafael Moneo und die Ausstellungen zeitgenössischer Kunst erinnern an das Konzept des Pariser Centre Pompidou – so heißt das Centro im Volksmund Sofidú.

Die ständige Kollektion im Obergeschoss bietet einen exzellenten Querschnitt durch die spanische Moderne. José Gutiérrez Solana, Julio González, Juan Gris, Salvador Dalí, Joan Miró und Antoni Tàpies werden vorgestellt.

Das Herzstück der Sammlung bildet Pablo Picassos »Guernica« (Saal 7, 2. Stock) › mehr S. 16 Punkt ❷❹ Das monumentale Gemälde aus dem Jahr 1937 hält den Horror der

PRIVATE KUNSTSTIFTUNGEN

Mäzenatentum hat eine lange Tradition in Spanien, und so lassen sich nicht nur Stadt und Staat ihr kulturelles Engagement einiges kosten, sondern auch Banken und Versicherungen. Aktuelle Termine, und Themen sind den Webseiten der Stiftungen zu entnehmen.

- **Museo ABC** 📱 C2
  Tolles Zentrum der gleichnamigen Zeitung. Schwerpunkt: Grafik, Zeichnung, Comic.
  Amaniel, 29 | Conde Duque
  Ⓜ San Bernardo
  http://museo.abc.es
- **La Casa Encendida** 📱 D6
  Ambitionierte Kulturstiftung der Madrider Sparkasse.
  Ronda de Valencia, 2
  Lavapiés | Ⓜ Embajadores
  www.lacasaencendida.es
- **Centro Cultural Galileo** 📱 C1
  Städtisches Kulturzentrum.
  Fernando el Católico, 35
  Chamberí | Ⓜ Moncloa
  www.madrid.es
- **Museo Casa de la Moneda** 📱 G3
  Historische Münz- und Briefmarkensammlung; Ausstellungen.
  Doctor Esquerdo, 36
  Retiro | Ⓜ O'Donnell
  www.museocasadelamoneda.es
- **Fundación March** 📱 F2
  Zeitgenössische Kunst in allen Spielarten; im Garten Plastiken u. a. von Chillida und Sempere.
  Castelló, 77 | Salamanca
  Ⓜ Serrano | www.march.es

Grüner Palmengarten unter der historischen Glaskuppel des Atocha-Bahnhofs

Bombennacht in jener baskischen
Kleinstadt fest, die von der deutschen Legion Condor dem Erdbo-
den gleichgemacht wurde. Picasso
malte das Bild im Auftrag der repu-
blikanischen Regierung für den
spanischen Pavillon der Pariser
Weltausstellung. Er verfügte später
testamentarisch, dass das Werk erst
wieder in einem demokratisch re-
gierten Spanien gezeigt werden dürfe. So war das Bild 1939–1981 im
Museum of Modern Art in New
York zu sehen. Zum 100. Geburts-
tag des großen Spaniers wurde
»Guernica« schließlich nach Madrid zurückgebracht (Santa Isabel,
52, www.museoreinasofia.es, Mo,
Mi–Sa 10–21, So 10–19 Uhr, Ein-

tritt 10 €, online 8 €, Eintritt frei
Mo, Mi–Sa 19–21, So 13.30–19 Uhr.
Kombiticket › S. 133.

Den modernen Erweiterungs-
bau, das **Edificio Nouvel,** schuf der
französische Stararchitekt Jean
Nouvel. Das monumentale Gebäude in vorherrschendem Rot bietet
seit dem Jahr 2005 zusätzliche Ausstellungsfläche und beherbergt
außerdem ein Dokumentations-
zentrum, eine Bibliothek, ein Audi-
torium sowie ein Café-Restaurant
(Ronda de Atocha, Ecke Pl. del Emperador Carlos V.)

ESTACIÓN DE ATOCHA 6 ▮ E5/6

An der Glorieta del Emperador
Carlos V. liegt die Estación de Atocha. › mehr S. 16 Punkt 25 Rafael Moneo baute 1993 die für das späte
19. Jh. typische Jugendstilkonstruk-
tion aus Gusseisen und Glas um.
Der üppige Palmengarten unter
dem Tonnengewölbe der alten
Bahnhofshalle hat sich zum beliebten Treffpunkt entwickelt; hier herrschen ganzjährig 24 °C! Die Züge
des Nah- und Schnellverkehrs halten im modernen Terminal.

REAL FÁBRICA DE TAPICES 7 ▮ F6

Seit 1721 werden hier Gobelins und
Teppiche von Hand geknüpft bzw.
an Webstühlen aus dem 18. Jh. ge-
webt. Seit den Gründertagen ist das
Unternehmen im Besitz derselben
flämischen Familie (Fuenterra-
bía, 2, Ⓜ Atocha, Tel. 914 34 05 50,
www.realfabricadetapices.com, Führungen nach Vereinbarung).

AUSFLÜGE &
EXTRA-TOUREN

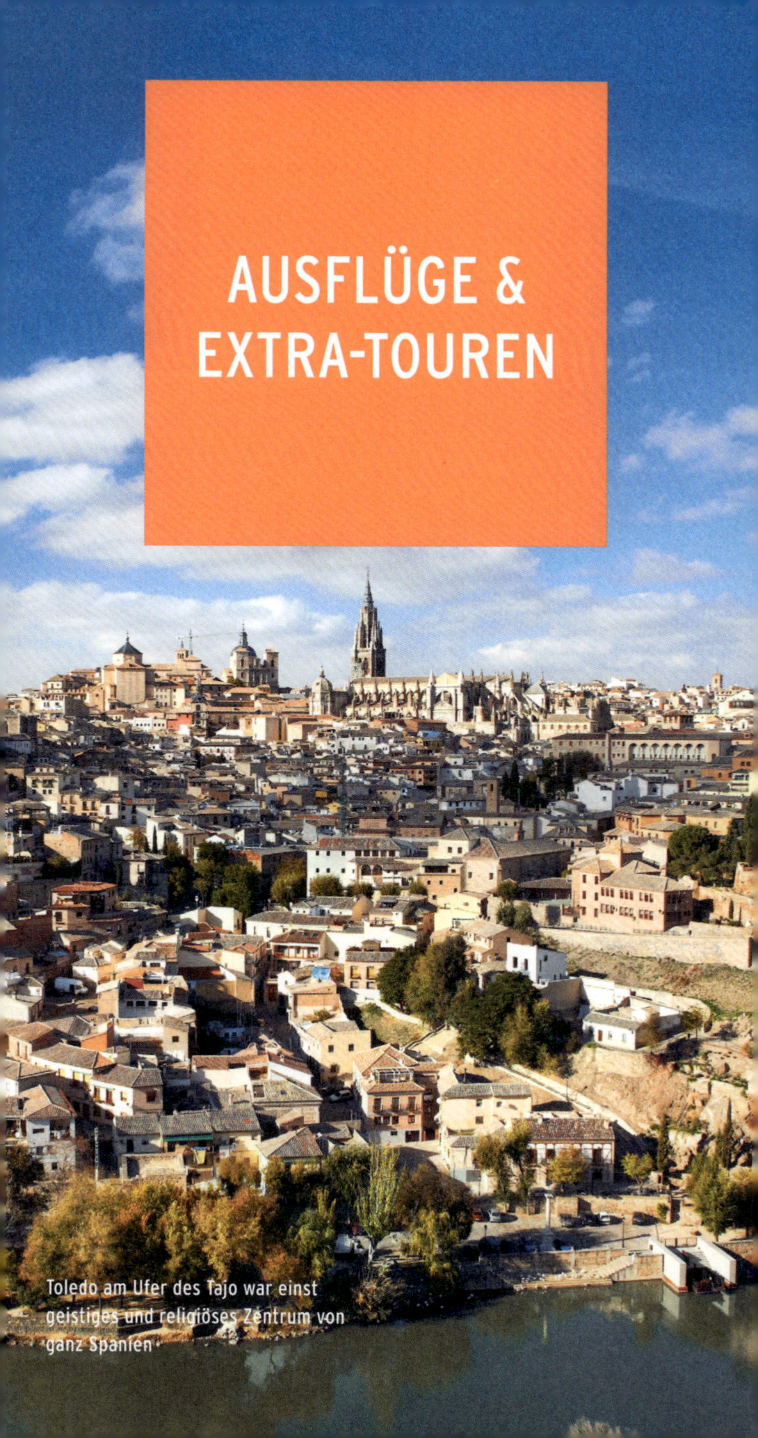

Toledo am Ufer des Tajo war einst
geistiges und religiöses Zentrum von
ganz Spanien

AUSFLÜGE

TOLEDO **1**

> **KARTE:** Seite 144
> **DAUER:** 1 Tag
> **PRAKTISCHE HINWEISE:**
> • 71 km südlich von Madrid
> • Schnellzug AVANT ab Atocha alle
>   1–2 Stunden, 30 Min. Fahrzeit,
>   20,60 € Tagesrückfahrkarte/Pers.

Ob als Knotenpunkt großer Römerstraßen, Hauptstadt des Westgotenreichs, arabisches Emirat oder kastilische Residenzstadt, die zum kulturellen Zentrum des mittelalterlichen Spanien aufstieg – Toledo

(83 500 Einw.) verkörpert spanische Geschichte wie kaum eine zweite Stadt des Landes. Auf einem Felsen hoch über einer Schleife des Río Tajo gelegen, bot sie alle Voraussetzungen für den Bau einer uneinnehmbaren Festung. Heute lebt die Stadt vom Tagestourismus und der Souvenirindustrie. Neben dem Marzipan aus Toledo sind die berühmten Toledaner Klingen sehr gefragt.

Der Hauptplatz der labyrinthischen Altstadt ist die Plaza de Zocodover. Die Beschilderung führt zur imposanten **Kathedrale,** zu deren Höhepunkten das geschnitzte Retabel (1504) und die Gemälde in der Sakristei zählen (Goya, Velázquez, El Greco).

Vorwiegend aus Toledaner Kirchen stammen die visionären Bilder des »Griechen« in der **Casa Museo de El Greco.** Die im Mudéjarstil erbaute **Sinagoga del Tránsito** aus dem 14. Jh. nebenan zeugt von der herausragenden Bedeutung der jüdischen Gemeinde, bevor die Inquisition sie vernichtete. Eine weitere Synagoge wurde 1405 in die Kirche Santa María la Blanca umgewandelt.

Neben der Kathedrale wird Toledos Silhouette

vom rekonstruierten **Alcázar** bestimmt. Bei der 70-tägigen Belagerung durch republikanische Truppen 1936 wurde die Festung (11. Jh.) fast völlig zerstört.

INFO

Oficina de Turismo
- Pl. del Consistorio,1 | 45001 Toledo
  Tel. 925 25 40 30
  www.turismo.toledo.es

SHOPPING

Es gilt als Erfindung des maurischen Toledo: *mazapán,* das Marzipan. Die beste Auswahl in leckeren Varianten führt der Marzipanhersteller **Obrador y Confitería Santo Tomé,** Pl. Zocodover, 7, www.mazapan.com.
> mehr S. 14 Punkt **15**

EL ESCORIAL **2**

> **KARTE:** Seite 144
> **DAUER:** 4–5 Stunden
> **PRAKTISCHE HINWEISE:**
> - 49 km nordwestlich von Madrid
> - Bahnlinie C-8a ab Chamartín im Stundentakt; Bus: Fa. Empresa Herranz, Fernández de los Ríos/ Isaac Peral; Ⓜ Moncloa.
> - Öffnungszeiten: Di–So 10–20, im Winter bis 18 Uhr.

Der Klosterpalast **San Lorenzo de El Escorial,** in exponierter Lage am Südhang der Sierra de Guadarrama gelegen, beherrscht das gesamte Umland. Unter der Leitung von Juan Herrera wurde der Wunsch Felipes II., Wohn- und Arbeitsräume sowie königliche Grablege, Kloster

und Kirche zu einer architektonischen Einheit zu verbinden, in einem Renaissancebau von düsterer Größe verwirklicht. Herrera hat zugleich ein Symbol des strengen Staats- und Menschenbildes von Felipe geschaffen, das den heutigen Besucher frösteln lässt. Zu dem rechteckigen Komplex von 206 m Länge und 161 m Breite zählen 400 Räume und 16 Innenhöfe.

ÁVILA **3** ⭐

> **KARTE:** Seite 144
> **DAUER:** 1 Tag
> **PRAKTISCHE HINWEISE:**
> - 113 km nordwestlich von Madrid
> - Mit der Bahn mehrmals tgl. ab Chamartín, ca. 1 1/2 Std. Fahrzeit, ab 19,60 € Tagesrückfahrkarte.

Hauptattraktion der höchstgelegenen Provinzhauptstadt Spaniens (1128 m; 59 000 Einw.) ist die 2,5 km lange, mit 90 Türmen und neun Toren versehene **Stadtmauer.** Sie geht auf das 11. Jh. zurück.

Im **Convento de Santa Teresa** wird die 1622 heilig gesprochene Mystikerin Teresa von Ávila (1515 bis 1582) verehrt. Zu den Kostbarkeiten der im 12. Jh. erbauten **Kathedrale** gehören das Chorgestühl und das Grabmal des Bischofs Madrigal (1518).

INFO

Oficina de Turismo
- Av. de Madrid, 39 | 05001 Ávila
  Tel. 920 35 40 45 | www.avilaturismo.com

Über den römischen Aquädukt floss das Wasser des Río Frío bis nach Segovia

SEGOVIA 4 ⭐

> **KARTE:** Seite 144
> **DAUER:** 1 Tag
> **PRAKTISCHE HINWEISE:**
> • 88 km nördlich von Madrid
> • Schnellzug AVANT ab Chamartín
>   alle 1–2 Std., 35 Min. Fahrzeit, ab
>   19,10 € Tagesrückfahrkarte/Pers.

Segovia (54 000 Einw.) besitzt eine Fülle von Adelspalästen und romanischen Kirchen. Herausragend sind drei Bauwerke: der 728 m lange und 29 m hohe, römische **Aquädukt** (1. Jh.), die **Kathedrale** im Stil der isabellinischen Gotik sowie der **Alcázar**, ein kastilisches Märchenschloss (tgl. 10–19, im Winter bis 18 Uhr; herrliche Aussicht).

Besonders bezaubern in **La Granja de San Ildefonso** die barocken Palastgärten (Pl. España, Palacio Real Di–So 10–20, im Winter bis 18 Uhr, Gärten tgl.).

INFO

Oficina de Turismo
• Azoguejo, 1 | 40003 Segovia
  www.turismodesegovia.com

ARANJUEZ 5 ⭐

> **KARTE:** Seite 144
> **DAUER:** 1 Tag
> **PRAKTISCHE HINWEISE:**
> • 48 km südlich von Madrid
> • Bahnlinie C-3 alle 20 Min. ab Atocha, mit dem nostalgischen »Erdbeerzug« ▶ S. 26

Aranjuez (57 500 Einw.) liegt in einem bewaldeten Tal und war seit dem 16. Jh. königliche Sommerresidenz. Hier verbrachten die Bourbonen gern den Sommer. Das barocke Sommerschloss wartet mit prächtigen Gemächern und Gärten nach Versailler Vorbild auf (Palacio Real de Aranjuez, Pl. de Parejas, s/n, Di bis So 10–20, im Winter bis 18 Uhr).

EXTRA-TOUREN

EIN WOCHENENDE IN MADRID

VERLAUF: Puerta del Sol › Plaza Mayor › Palacio Real › Plaza de Santa Ana › Museo del Prado › Parque del Retiro › Estación de Atocha › Calle de Serrano › Museo Thyssen-Bornemisza › Teatro Real › Rastro (Lavapiés)

KARTE: Faltkarte
DAUER: zwei halbe Tage (1. und 3. Tag) und ein ganzer Tag (2. Tag)
DISTANZEN & VERKEHRSMITTEL: 1. Tag: Ausgangs- und Endpunkt Ⓜ Sol; 2. Tag: Startpunkt Ⓜ Banco de España, Endpunkt Ⓜ Ópera. 3. Tag: Start- und Endpunkt Ⓜ La Latina. Die meisten Sehenswürdigkeiten liegen im Zentrum und sind zu Fuß weniger als 20 Minuten voneinander entfernt. Der Flohmarkt Rastro (3. Tag) findet nur sonntags bis ca. 15 Uhr statt.

Alle Wege Madrids, so auch der erste aller Besucher, führen zur **Puerta del Sol** › S. 70. Der Platz ist Knotenpunkt von U-Bahnlinien und Stadtbussen und auch Kilometer Null aller spanischen Nationalstraßen. Die autofreien Einkaufsmeilen Calle de Preciados und Calle de Carmen bieten sich für einen ersten Schaufensterbummel an. Die Calle Mayor führt direkt ins Herz der Altstadt, zur eleganten **Plaza Mayor** › S. 71 mit Arkaden und Cafés, wo man bei einem Café cortado oder einer Tapa in Ruhe ankommen kann. Den grandiosen **Palacio Real** › S. 78 sollte man zumindest von außen ansehen; vom Vorplatz, der Plaza de la Armería, reicht der Blick weit über das ehemalige königliche Jagdrevier Casa de Campo und hinüber auf die Altstadt. Wenn der Hunger kommt, lohnt ein Abstecher ins Viertel **Huertas.** Rund um die **Plaza de Santa Ana** › S. 105, in der Calle Victoria oder Calle Huertas wird man sicher fündig – die Auswahl an traditionsreichen Tapas-Bars ist groß.

Der zweite Tag steht zunächst im Zeichen der großen Kunst: Im **Museo del Prado** › S. 133 konzentriert man sich am besten gleich auf eine kleinere Auswahl. Denn wer die ganze Königliche Pinakothek würdigen möchte, sollte schon mehrere Tage dafür einplanen. Allein die großen Gemälde von Velázquez, Goya und Bosch verdienen mindestens zwei bis drei Stunden voller Aufmerksamkeit. Im **Parque del Retiro** › S. 119, dem Lustgarten der Habsburger, lässt es sich anschließend im Grünen durchatmen.

Wenn das Wetter keinen Spaziergang im Park zulässt, ist die **Estación de Atocha** › S. 142 mit ihrem tropischen Palmengarten eine Alternative. Gut erholt und gestärkt nach der Mittagspause, z. B. im **La Dolores** › S. 38, entscheidet man sich zwischen einer Siesta und einem Shopping-Streifzug durch das Gründerzeit-Viertel **Salamanca,** wo in den Geschäften z. B. an der **Calle de Serrano** › S. 123 die spanische Alta Moda zu finden ist. Wer noch aufnahmefähig ist, besucht El Greco, Picasso und Pollock im **Museo Thyssen-Bornemisza** › S. 139, schräg gegenüber dem Prado.

Sobald die müden Füße wieder wollen, kann der lange Madrider Abend beginnen – vielleicht in einer klassischen Cocktailbar an der Gran Vía oder einer urigen Taverne in Chueca. Opernfreunde kommen im **Teatro Real** › S. 78 auf ihre Kosten; Live-Jazz, Salsa, Rock und Pop gibt es speziell am Wochenende auf zahllosen Bühnen von Huertas bis Salamanca. Wie lange die Nacht dauert, hängt nur von der individuellen Kondition ab. Die Madrilenen begrüßen den Morgen am liebsten mit einer Tasse heißer Schokolade und Churros in der **Chocolatería San Ginés** › S. 78; die ganz Unentwegten tanzen noch weit nach Sonnenaufgang in den After-Hour-Clubs von Chamartín.

Am Sonntagmorgen gibt es nur einen »Pflichttermin« für Madrilenen und Zugereiste: **El Rastro** › S. 109, den turbulenten Flohmarkt in **Lavapiés** › S. 107 – genau die richtige Fundgrube für ein originelles Last-Minute-Mitbringsel.

MADRID IN EINER WOCHE

VERLAUF: Puerta del Sol › Plaza Mayor › Palacio Real › Plaza de España › Museo del Prado › Parque del Retiro › Museo Thyssen-Bornemisza › Centro de Arte Reina Sofía › Gran Vía › Calle Fuencarral › Königliche Klöster › Academia de Bellas Artes › Museo Lázaro Galdiano › Museo Sorolla › Museo Arqueológico › Templo de Debod › Casa de Campo › Zona AZCA › Estadio Bernabéu

KARTE: Faltkarte
DAUER: mindestens 7 halbe Tage à 4–5 Stunden, mit Museen auch länger
DISTANZEN & VERKEHRSMITTEL: 1. Tag: Ausgangspunkt Ⓜ Sol, Endpunkt Ⓜ Pl. de España; 2. Tag: Startpunkt Ⓜ Banco de España, Endpunkt Ⓜ Serrano; 3. Tag: Start Ⓜ Sevilla, Endpunkt Ⓜ Atocha; 4. Tag: Start Ⓜ Pl. de España, Endpunkt: Ⓜ Chueca; 5. Tag: Start Ⓜ Sol, Endpunkt: Ⓜ Rubén Darío; 6. Tag: Start Ⓜ Pl. de España, Endpunkt Ⓜ Argüelles; 7. Tag: Start Ⓜ Atocha, dann mit Bus Nr. 27 bis Endpunkt Ⓜ Pl. de Castilla.

Der erste Tag gehört der Altstadt zwischen **Puerta del Sol, Plaza Mayor** › S. 71 und **Palacio Real** › S. 78. An der **Oper** und der eleganten **Plaza de Oriente** › S. 78 vorbei gelangt man zur **Plaza de España** › S. 81 mit dem Don-Quijote-Denkmal. Für das **Museo del Prado** › S. 133 und einen Bummel durch den **Parque del Retiro** › S. 119 sollte man den ganzen zweiten Tag veranschlagen. Große Kunst auch am dritten Tag: Das **Museo Thyssen-Bornemisza** › S. 139 ergänzt die Sammlung des Prado. Im **Centro de Arte Reina Sofía** › S. 141 ist das wohl berühmteste spanische Kunstwerk zu sehen, Picassos »Guernica«. Das **CaixaForum** › S. 140 am Paseo del Prado zeigt spannende Themenausstellungen moderner Kunst.

Nach so viel Musealem sind Kommerz und Alltagsleben die Leitmotive des vierten Tages: An der **Plaza de España** beginnt ein Spaziergang über die Prachtstraße **Gran Vía** › S. 87. Oder Sie lassen sich einfach einen Nachmittag lang treiben zwischen den Märkten, Plazas und Terrazas der Ur-Madrider Barrios **Chueca** und **Malasaña.** Immer den jüngsten Modetrends auf der Spur ist man in der **Calle de Fuencarral** › S. 87 mit ihren ausgeflippten Boutiquen. Oder man besucht die Bars und Restaurants um die **Plaza Dos de Mayo** › S. 93 und **Plaza de Chueca** › S. 90. Am fünften Tag hat man nach dem Besuch der Habsburgerklöster, dem **Monasterio de las Descalzas Reales** › S. 77 mit Pinakothek und dem **Monasterio de la Encarnación** › S. 81 die Wahl: Entweder man nimmt sich die **Real Academia de Bellas Artes** › S. 117 mit Werken von Goya und Zurbarán, das **Museo Lázaro Galdiano** › S. 126 (Turner, Constable, Murillo) oder das **Museo Sorolla** › S. 127 vor, eine wunderschöne Sammlung im Wohnatelier des valencianischen Impressionisten. Zu den Höhepunkten im **Museo Arqueológico Nacional** › S. 121 gehören die Nachbildung der Höhle von Altamira und die keltiberische »Dama de Elche«.

Der ägyptische Templo de Debod wurde Stein für Stein
in Madrid wieder aufgebaut

Ruhiger angehen kann man den sechsten Tag, z. B. mit einem Abstecher zum ägyptischen **Templo de Debod** › S. 83 und einer Tour per Seilbahn und zu Fuß durch den Park **Casa de Campo** › S. 82, einem Stück La Mancha am Stadtrand. Der siebte Tag steht im Zeichen der Moderne: Am nördlichen **Paseo de la Castellana** › S. 123 sollte man die Hochhäuser der **Urbanización AZCA** › S. 128 und der **Cuatro Torres** › S. 130 gesehen haben. Der letzte Abend sei für den Besuch einer der **Flamencobühnen** › S. 46 reserviert.

MADRID DER HABSBURGER UND MORERÍA

VERLAUF: Plaza Mayor › Plaza de la Villa › San Pedro El Viejo › Casa-Museo de San Isidro › Plaza de la Paja › Cava Baja, Cava Alta › San Isidro Labrador › Plaza del Conde de Barajas › Plaza Mayor
KARTE: Faltkarte
DAUER: etwa 2–3 Stunden
DISTANZEN & VERKEHRSMITTEL: Ausgangs- und Endpunkt ist Ⓜ Sol. Tipp: Der Rundgang wird vom Tourismusbüro April–Okt. Mo–Sa um 12, So um 10 Uhr auf Englisch als geführte Tour angeboten. Treff: Centro de Turismo an der Plaza Mayor.

Unter dem »österreichischen« Madrid versteht man jene Teile der historischen Altstadt, die von den Habsburgern geprägt wurden. In der Morería, dem teils fast dörflich-stillen Bezirk rund um die Plaza de la Paja, erinnern manche Bauten sogar an die Vergangenheit des maurischen Marktfleckens namens Majrit. Die **Plaza Mayor** › S. 71, ein harmonisches Geviert ganz im kühlen Stil der habsburgischen Renaissance, gilt als Blaupause für zahllose Hauptplätze der spanischsprachigen Welt. An der **Plaza de la Villa** › S. 74 stehen einige der ältesten Bauten Madrids aus dem 15./16. Jh.; manche Details wie Türme und Torbögen weisen arabische Züge auf. Die Kirche **San Pedro El Viejo** › S. 74 und ihr Mudéjar-Backsteinturm lassen an die maurische Moschee denken, die hier früher stand. Wer tiefer eintauchen möchte in die Geschichte Madrids, sollte die **Casa-Museo de San Isidro** › S. 75 an der Plaza San Andrés besuchen; hier laden Freiluftcafés zum Pausieren ein. Der mittelalterliche Heumarkt, die **Plaza de la Paja** › S. 75, wirkt bis heute wie ein Dorfplatz in der Provinz. Die traditionelle Küche Kastiliens lockt in den Straßen **Cava Baja, Cava Alta** und **Cuchilleros** › S. 76. Nach dem Abstecher zur ersten Kathedrale Madrids, **Colegiata de San Isidro Labrador** › S. 76, geht es über die Plaza del Conde de Barajas wieder zur **Plaza Mayor.**

INFOS VON A–Z

ÄRZTE UND APOTHEKEN

Im Krankheitsfall stehen neben Arztpraxen die Notaufnahmen (»Urgencias«) der Krankenhäuser rund um die Uhr bereit, z. B. im HM Universitario Madrid, Pl. del Conde del Valle de Súchil, 16, 28015 Madrid, Tel. 914 47 66 00, Ⓜ San Bernardo.

Mitglieder gesetzlicher Krankenkassen werden gegen Vorlage der europäischen Krankenversicherungskarte kostenfrei behandelt. Allerdings garantiert nur der Abschluss einer zusätzlichen Reisekrankenversicherung freie Arztwahl und den Rücktransport im medizinischen Notfall. Für alle Leistungen sollte man eine detaillierte Rechnung *(factura)* zur späteren Kostenerstattung verlangen.

Apotheken *(farmacias)* erkennt man an dem Schild mit grünem Kreuz auf weißem Grund. Der Notdienstplan ist in den Tageszeitungen abgedruckt.

BARRIEREFREIES REISEN

Die Stadt Madrid hat für Reisende mit Behinderungen nützliche Infos zusammengestellt (www.esmadrid.com/de/barriere freies-madrid). Von großem Nutzen ist die von der Stadt und dem Verband Predif herausgegebene Broschüre für barrierefreies Reisen in der Stadt (auch als PDF zum Download). Darin enthalten sind Informationen zum barrierefreiem Transport und zu barrierefreien Zugängen zu den Sehenswürdigkeiten Madrids sowie Tipps zu geeigneten Unterkünften etc.

Verschiedene Apps zum Download auf der Website liefern praktische Informationen aufs Handy und helfen vor Ort beispielsweise bei der Suche nach behindertengerechten Parkplätzen und Zugängen. Alle Busse der Stadt sind auf Rollstuhlfahrer eingerichtet, die Metrostationen sind zu 60 % barrierefrei (Bahnhöfe unter www.emtmadrid.es).

DIPLOMATISCHE VERTRETUNGEN

• **Deutsche Botschaft:**
Fortuny, 8, 28010 Madrid,
Tel. 915 57 90 00,
www.madrid.diplo.de,
Ⓜ Rubén Darío
• **Österreichische Botschaft:**
Paseo de la Castellana, 91, 9. Stock,
28046 Madrid, Tel. 915 56 53 15,
madrid-ob@bmeia.gv.at,
Ⓜ Santiago Bernabeu
• **Schweizerische Botschaft:**
Núñez de Balboa, 35, 7. Stock, 28001 Madrid, Tel. 914 36 39 60,
mad.vertretung@eda.admin.ch,
Ⓜ Velázquez

EINREISE

Für Reisende aus EU-Ländern und der Schweiz entfällt die Passkontrolle. Dennoch müssen Personalausweis bzw. nationale Identitätskarte mitgeführt werden. Wer länger als drei Monate bleibt, muss sich bei den Behörden melden. Kinder benötigen ein eigenes Reisedokument.

FEIERTAGE

1. Januar (Neujahr); 6. Januar (Hl. Drei Könige); 19. März (Josefstag); Gründonnerstag; Karfreitag; 1. Mai (Tag der Arbeit); 2. Mai (Gedenktag des Volksaufstandes gegen Napoleon); 15. Mai (Fest des Stadtpatrons San Isidro); 25. Juli (Nationalfeiertag); 15. August (Mariä Himmelfahrt); 12. Oktober (Entdeckung Amerikas); 1. November (Allerheiligen); 9. November (Fest der Stadtpatronin La Almudena); 6. Dezember (Verfassungstag); 8. Dezember (Unbefleckte Empfängnis); 25. Dezember (Weihnachten).

FUNDBÜRO

• **Oficina de Objetos Perdidos,**
Paseo Molino, 7, 28045 Madrid,

Ⓜ Legazpi, Tel. 915 27 95 90,
objetosperdidos@madrid.es
• Fundsachen wie Ausweise von Reisenden werden an die Polizeidienststelle
für Touristen weitergegeben > S. 153

GELD
Am schnellsten und unkompliziertesten
erhält man Bargeld mit Maestro-Karte
und Geheimnummer an einem Geldauto-
maten *(telebanco)*. Kreditkarten, vor allem Mastercard, Visa und American Ex-
press, akzeptieren in Spanien die meisten
Geschäfte und Restaurants.

INFORMATION
Spanische Fremdenverkehrsämter
• in Deutschland:
Lichtensteinallee 1, 10787 Berlin,
Tel. (030) 882 65 43,
berlin@tourspain.es;
Reuterweg 51–53, 60323 Frankfurt/M.,
Tel. (069) 72 50 33,
frankfurt@tourspain.es.;
Postfach 15 19 40, 80051 München,
Tel. (089) 53 07 46 11,
munich@tourspain.es.
• Prospektbestellung: www.spain.info
• in Österreich:
Walfischgasse 8, 1010 Wien,
Tel. (01) 512 95 80 10,
viena@tourspain.es.

┌─── 💬 **URLAUBSKASSE** ───

• Tasse Kaffee (café con leche)	2 €
• Softdrink (Cola, Mineralwasser)	2,50 €
• Glas Bier (vom Fass)	3 €
• Glas Wein	3 €
• Portion Tapas	5–10 €
• Kugel Eis	1,50 €
• Taxifahrt (ca. 10 km)	8 €
• Mietwagen/Tag	ab 25 €
• Metro-Ticket	1,50–2 €

• in der Schweiz:
Seefeldstr. 19, 8008 Zürich,
Tel. (044) 253 60 50,
zurich@tourspain.es,
www.spanieninfo.ch
• in Madrid:
Centro de Turismo Plaza Mayor,
• Plaza Mayor, 27, Ⓜ Sol.
Centro de Turismo Colón, Plaza de Co-
lón s/n (Untergeschoss), Ⓜ Colón.
Filialen an der Plaza Callao, Plaza de la
Cibeles und am Museo Reina Sofía. In-
fo-Kioske außerdem am Flughafen so-
wie im Sommer überall im Zentrum in
mobilen Einheiten.
• Info-Telefon mit Ansagen in mehreren
Sprachen: Tel. 914 54 44 10.
• Kostenloses städtisches Info-Telefon
Tel. 0 10 (span. 24 Std., engl. Mo–Fr
8–22, So 9–21 Uhr).
• Im Internet: www.esmadrid.com

KRIMINALITÄT
Lassen Sie nie Wertsachen im Auto zurück und tragen Sie teuren Schmuck sowie teure Kameras nicht offen zur Schau.
Immer wieder werden Touristen auf dem
Flohmarkt Rastro, in der Metro, im Ma-
lasañaviertel oder auf der Gran Vía Opfer
von Langfingern. Oft arbeiten Trickdiebe
im Team und führen ein regelrechtes
Straßentheater auf, um ahnungslose Ur-
lauber abzulenken.
Vorsicht bei inszenierten Unfällen,
Streitereien oder Hütchenspielen.

MEDIEN
Viele bedeutende spanische Tageszeitungen, z. B. »El País«, »ABC« und »El
Mundo«, werden in Madrid publiziert. Der
Lokalteil enthält das aktuelle Kulturprogramm. Weitere Ausgehtipps gibt es im
Wochenmagazin »Guía del Ocio« (www.
guiadelocio.com).
Der TV-Sender Telemadrid berichtet
aus Madrid und Umgebung (www.telema
drid.es). Für sein junges Musikprogramm

ist das staatliche Radio 3 (93,2 und 95,8 FM bzw. Ukw) bekannt.

MESSEN

Die meisten Messen finden im neuen Messepark am Campo de las Naciones unweit des Flughafens Barajas statt.

Informationen: **IFEMA**, Feria de Madrid, Av. del Partenón, 5, 28042 Madrid, Tel. 902 22 15 15, www.ifema.es.

NOTRUF

- Allgemeiner Notruf (Feuerwehr, Notarzt, Polizei): Tel. 1 12
- Polizei: Tel. 0 91 (Policía Nacional), Tel. 0 92 (Policía Municipal)
- Fremdsprachiger Polizeinotruf: Tel. 902 10 21 12 oder 915 48 85 37, **Dienststelle für Touristen:** Atención al Turista Extranjero (SATE) Leganitos, 19, Ⓜ Callao, www.policia.es/denunweb/serv_at_ext.html, tgl. 9–24 Uhr.

ÖFFNUNGSZEITEN

Geschäfte und Büros sind im Allgemeinen 10–14 und 16–20 Uhr geöffnet; ein Ladenschlussgesetz gibt es nicht. Im Winter wird die Siesta oft um eine Stunde verkürzt, dafür schließt man abends früher. Durchgehend geöffnet haben **Kaufhäuser und Einkaufszentren**, oft auch sonntags. **Postämter** sind Mo–Sa 8–14 Uhr geöffnet. Meist schließen **Museen** montags und sonntagnachmittags, **Restaurants** haben oft Sonntag Ruhetag. Im August schließen viele Museen und Lokale.

POST

Die Hauptpost an der Plaza de la Cibeles ist Mo–Fr 8–20 Uhr, Sa bis Mittag geöffnet. Postämter mit Sonderöffnungszeiten gibt es in der Calle Bravo Murillo, 207, in der Calle Mejía Lequerica, 7 und am Paseo de Santa María de la Cabeza, 42. Dort wird man Mo–Fr 10–23, Sa 11–24 und So 12–23 Uhr bedient. Briefmarken (sellos) sind auch in Tabakläden erhältlich.

TELEFON

In öffentlichen Fernsprechern benutzt man teils Münzen, fast überall aber Telefonkarten (tarjetas telefónicas), erhältlich an Kiosken und in Tabakläden.

- **Landesvorwahlen aus Spanien:**
  nach Deutschland: 00 49
  nach Österreich: 00 43
  in die Schweiz: 00 41
- **Landesvorwahl Spanien:** 00 34
  Innerhalb von Spanien wird bei Ortsgesprächen die gesamte neunstellige Rufnummer inkl. Ortsnetzkennziffer mitgewählt.

Die handelsüblichen Mobiltelefone funktionieren (unabhängig vom Provider) in Spanien in der Regel problemlos. Innerhalb der EU wurden die Roaming-Gebühren abgeschafft, man telefoniert zum gleichen Tarif wie zu Hause. Dies gilt nicht für Handykunden aus der Schweiz, die weiterhin Roaming-Gebühren zahlen.

TRINKGELD

Selbst bei Inklusivpreisen sind im Restaurant rund 10 % propina üblich. Auch in der Bar und im Café lässt man stets ein paar Münzen auf dem Wechselgeldteller liegen.

Taxigebühren kann man aufrunden. Auch dem Gepäckträger im Hotel, dem Zimmerservice und Fremdenführern sollte man ein Trinkgeld zukommen lassen, wenn man mit dem Service zufrieden ist.

ZOLLBESTIMMUNGEN

Bei Reisenden aus EU-Ländern akzeptiert der Zoll 800 Zigaretten und 10 l Hochprozentiges für den Privatverbrauch. Schweizer dürfen aus Spanien u. a. zollfrei einführen: alkoholische Getränke bis 15 % Vol. 2 l, über 15 % 1 l, 200 Zigaretten oder 50 Zigarren, Souvenirs bis 300 CHF.

ZEIT

In Madrid gilt die MEZ inkl. Sommerzeit, es gibt keine Zeitverschiebung.

REGISTER

BILDNACHWEIS

Coverfoto Calle de Alvarez Gato, Madrid, Spanien © laif/Tophoven, Frank
Fotos Umschlagrückseite Shutterstock/Pavone, Seanr (links); laif/Gonzalez, Miquel (Mitte); Adobe Stock/cribe (rechts)

Alamy/Azenha, Sergio: 93; Fotolia/Abu-Dayeh, Gabriele: 86; Fotolia/Horvath, Botond: 146; Fotolia/Preve, Beatrice: 113; Fotolia/smn: 142; gemeinfrei: 53; Getty Images/Davilla, Luis: 18, 65; Getty Images/Toledano, Urosa & Manuel, Alberto: 25; Huber Images/Taylor, Richard: 143; Huber Images/Giocoso, Paolo: 68, 20/21, 122; Huber Images/Schmid, Reinhard: 110; imago/Panthermedia: 130; Jahreszeiten Verlag/Körte, Christina: 13, 14, 35, 76, 79, 83, 96, 99, 106, 149; Jahreszeiten Verlag/Spörl, Lukas: 40, 47, 55, 59, 60, 62, 69, 132, 140; laif/Gonzalez, Miquel: 31, 48/49, 90; laif/Gumm, Monica: 12; laif/hemis.fr/Maisant, Ludovic: 105; laif/Knechtel, Gunnar: 115; laif/Multhaupt, Suse: 94; Lookphotos/age fotostock: 28; Lookphotos/Pompe, Ingolf: 64; Lookphotos/SagaPhoto: 10, 126, 131; Lookphotos/Travel Collection: 85; mauritius images/Alamy: 116; mauritius images/Alamy/Vallecillos, Lucas: 16; mauritius images/foodcollection: 15; mauritius images/hemis.fr/Gardel, Bertrand: 124; Möginger, Robert: 8; Schapowalow/SIME/Giocoso, Paolo: 6; Shutterstock/Bertl123: 22; Shutterstock/Bostock, Steven: 135; Shutterstock/chiakto: 57; Shutterstock/IR Stone: 9; Shutterstock/Jaszczuk, Mari: 98; Shutterstock/Kiev.Victor: 44; Shutterstock/Mistervlad: 66/67; Shutterstock/Pavone, Sean: 128; Shutterstock/S-F: 81; Shutterstock/Sun_Shine: 61; Shutterstock/trabantos: 136; stock.adobe.com/cribe: 139; stock.adobe.com/Rokhin, Valery: 74; The Westin Palace Madrid: 33, 100; Wikipedia/Escuela, Marina CC BY-SA 2.0: 54.

Liebe Leserin, lieber Leser,
wir freuen uns, dass Sie sich für diesen POLYGLOTT on tour entschieden haben.
Unsere Autorinnen und Autoren sind für Sie unterwegs und recherchieren sehr gründlich, damit Sie mit aktuellen und zuverlässigen Informationen auf Reisen gehen können.
Dennoch lassen sich Fehler nie ganz ausschließen. Wir bitten Sie um Verständnis, dass der Verlag dafür keine Haftung übernehmen kann.

Ihre Meinung ist uns wichtig. Bitte schreiben Sie uns:
GRÄFE UND UNZER VERLAG
Postfach 86 03 66, 81630 München, Tel. 0 89 / 419 819 41
www.polyglott.de

LESERSERVICE
polyglott@graefe-und-unzer.de
Tel. 0 800 / 72 37 33 33 (gebührenfrei in D, A, CH), Mo–Do 9–17 Uhr, Fr 9–16 Uhr

1. Auflage 2019

© 2019 GRÄFE UND UNZER VERLAG GmbH, München
Dieses Buch wurde auf chlorfrei gebleichtem Papier gedruckt.
ISBN 978-3-8464-0429-4

Bei Interesse an maßgeschneiderten B2B-Editionen:
gabriella.hoffmann@graefe-und-unzer.de

Bei Interesse an Anzeigen:
KV Kommunalverlag GmbH & Co. KG
Tel. 089/928 09 60
info@kommunal-verlag.de

Verlagsleitung: Grit Müller
Verlagsredaktion: Anne-Katrin Scheiter
Autor: Robert Möginger
Redaktion: Annette Pundsack
Bildredaktion: Dr. Nafsika Mylona
Mini-Dolmetscher: Langenscheidt
Umschlaggestaltung & Layout:
Independent Medien Design, München
Horst Moser (Artdirection), Lucie Heselich
Karten und Pläne: Theiss Heidolph und Kunth Verlag GmbH & Co. KG
Satz: uteweber-grafikdesign
Herstellung: Anna Bäumner, Gloria Schlayer
Druck und Bindung: Printer Trento, Italien

PEFC/18-31-506

Ein Unternehmen der
GANSKE VERLAGSGRUPPE

MINI-DOLMETSCHER SPANISCH

ALLGEMEINES

Guten Tag.	Buenos días. [buenos dias]
Hallo!	¡Hola! [ola]
Wie geht's?	¿Qué tal? [ke tal]
Danke, gut.	Bien, gracias. [bjen graθjas]
Ich heiße ...	Me llamo ... [me ljamo]
Auf Wiedersehen.	Adiós. [adjos]
Morgen	mañana [manjana]
Nachmittag	tarde [tarde]
Abend	tarde [tarde]
Nacht	noche [notsche]
morgen	mañana [manjana]
heute	hoy [oi]
gestern	ayer [ajer]
Sprechen Sie Deutsch / Englisch?	¿Habla usted alemán / inglés? [abla usted aleman / ingles]
Wie bitte?	¿Cómo? [komo]
Ich verstehe nicht.	No he entendido. [no e entendido]
Wiederholen Sie bitte.	Por favor, repítalo. [por fawor repitalo]
..., bitte.	..., por favor. [por fawor]
danke	gracias [graθjas]
Keine Ursache.	De nada. [de nada]
was / wer / welcher	qué / quién / cuál [ke / kjen / kual]
wo / wohin	dónde / adónde [donde / adonde]
wie / wie viel / wann / wie lange	cómo / cuánto / cuándo / cuánto tiempo [komo / kuanto / kuando / kuanto tjempo]
Warum?	¿por qué? [por ke]
Wie heißt das?	¿Cómo se llama esto? [komo ße ljama esto]
Wo ist ...?	¿Dónde está ...? [donde esta ...]
Können Sie mir helfen?	¿Podría usted ayudarme? [podria usted ajudarme]
ja	sí [ßi]
nein	no [no]
Entschuldigen Sie.	Perdón. [perdon]
Das macht nichts.	No pasa nada. [no paßa nada]

SHOPPING

Wo gibt es ...?	¿Dónde hay ...? [donde ai]
Wie viel kostet das?	¿Cuánto cuesta? [kuanto kuesta]
Ich nehme es.	Me lo llevo. [me ljevo]
Wo ist eine Bank?	¿Dónde hay un banco? [donde ai um banko]
Ich suche einen Geldautomaten.	Busco un cajero automático. [busko un kachero automatiko]
Geben Sie mir bitte 100 g Käse.	Por favor, déme cien gramos de queso. [por fawor deme θjen gramos de keßo]
Haben Sie deutsche Zeitungen?	¿Tienen periódicos alemanes? [tjenen perjodikos alemanes]
Wo kann ich telefonieren / eine Telefonkarte kaufen?	¿Dónde puedo llamar por teléfono / comprar una tarjeta telefónica? [donde puedo ljamar por telefono / komprar una tarcheta telefonika]

ESSEN UND TRINKEN

Die Speisekarte, bitte.	La carta, por favor. [la karta, por fawor]
Brot	pan [pan]
Kaffee	café [kafe]
Tee	té [te]
mit Milch / Zucker	con leche / azúcar [kon letsche / aθukar]
Orangensaft	zumo de naranja [θumo de narancha]
Mehr Kaffee, bitte.	Más café, por favor. [mas kafe por fawor]
Suppe	sopa [ßopa]
Fisch	pescado [peskado]
Meeresfrüchte	mariscos [mariskos]
Fleisch	carne [karne]
Geflügel	aves [awes]
Reis	arroz [arros]
Beilage	guarnición [guarniθjon]
vegetarische Gerichte	comida vegetariana [komida vechetarjana]
Eier	huevos [uewos]
Salat	ensalada [enßalada]
Dessert	postre [postre]
Obst	fruta [fruta]
Eis	helado [elado]
Wein	vino [bino]
weiß / rot / rosé	blanco / tinto / rosado [blanko / tinto / roßado]
Bier	cerveza [θerweθa]
Wasser	agua [agua]
Mineralwasser	agua mineral [agua mineral]
mit / ohne Kohlensäure	con / sin gas [kon / ßin gas]
Limonade	gaseosa [gaßeoßa]
Ich möchte bitte zahlen.	La cuenta, por favor. [la kuenta por fawor]

MEINE ENTDECKUNGEN

....

....

....

....

....

....

....

....

....

....

....

....

....

....

....

....

....

....

Teilen Sie Ihre Entdeckungen auf facebook.com/Polyglottreisewelt.

CHECKLISTE MADRID

Nur da gewesen oder schon entdeckt?

☐ **EINE STUNDE IM PRADO**
Kunstliebhaber könnten Wochen im Museo del Prado verbringen. Zumindest eine konzentrierte Stunde in einem ausgewählten Saal sollte für Goya oder Velázquez drin sein. › S. 17, 133

☐ **KÜCHE UND KELLER**
Madrid ist eine Stadt für Genießer: Spezialitäten aus allen Landesteilen › S. 37, feine Weine › S. 17 und eine Auswahl an Tapas-Bars › S. 111 gilt es auszuprobieren.

☐ **LOS PARQUES**
Die schönsten grünen Zonen: Der elegante **Retiro-Park** › S. 13, der weitläufige Park **Casa de Campo** › S. 82 und die neuen Promenaden am Fluss »**Madrid Río**«. › S. 13

☐ **MARKTWIRTSCHAFT**
Nicht verpassen: Die altehrwürdigen Hallen des **Mercado de San Miguel** › S. 41 und des **Mercado de San Antón** › S. 12 sind eine einmalige Mischung aus Gourmetmeile und quirliger Partyzone!

☐ **STADTBESICHTIGUNG**
Auf einer geführten Tour durch Madrid lernt man die Stadt noch tiefgründiger kennen. › S. 12

☐ **TOLEDO-TOUR**
Verbringen Sie ein paar Stunden in der nahe gelegenen historischen Königsstadt. › S. 144

☐ **FESTE UND FESTIVALS**
Behalten Sie den Festkalender im Auge, um traditionelle und schöne Stadtfeste wie die Feria de San Isidro oder das Flamenco-Festival nicht zu verpassen. › S. 12, 64

🗨 **MITBRINGSEL**

- **Spezialität:** Vakuumverpackter Jamón Ibérico, Schinken vom iberischen Schwein. › S. 14
- **Turrón:** Haltbar und leicht zu transportieren ist weißes Mandel-Nougat. › S. 17